Clemens Schrader

Der Heilige Stuhl und die Freimaurer

Clemens Schrader

Der Heilige Stuhl und die Freimaurer

ISBN/EAN: 9783743302105

Hergestellt in Europa, USA, Kanada, Australien, Japan

Cover: Foto ©Lupo / pixelio.de

Manufactured and distributed by brebook publishing software (www.brebook.com)

Clemens Schrader

Der Heilige Stuhl und die Freimaurer

DER PAPST
UND
DIE MODERNEN IDEEN.
IV. HEFT.
DER HEILIGE STUHL
UND DIE FREIMAURER.

Enthaltend die gegen die Freimaurer erlassenen Verdammungsurtheile des heiligen Stuhles von Clemens XII. bis auf Pius IX.

WIEN 1866.
Verlag von Carl Sartori,
Buchhändler des heiligen Apostolischen Stuhles.
Stadt, Wallnerstrasse 7,
gegenüber dem fürstlich Esterhazy'schen Palais.

Vorrede.

Der Druck der nachstehenden Blätter hat sich ohne Verschulden des Verfassers, dessen Manuscript schon zu Ostern d. J. vollkommen druckfertig war, so lange verzögert, dass diese Brochüre zu einer Zeit erscheint, in welcher Oesterreich unter den herbsten Schicksalsschlägen seufzt. Im Lager seiner Feinde herrschen die Freimaurer, gegen welche der heil. Stuhl seit 128 Jahren mit allem Eifer seines Apostolischen Amtes ankämpft, wie die hier folgende Sammlung der bezüglichen Actenstücke zeigt, welche wir als eine zeitgemässe Ergänzung und Fortsetzung unserer Arbeit „Der Papst und die modernen Ideen" erscheinen lassen. Die österreichische Regierung hat die vom heiligen Stuhle verdammten geheimen Gesellschaften seit Kaiser Joseph's Zeiten nicht mehr zugelassen, sie hat trotz allen gottlosen Geschreies dagegen das mit dem heil. Stuhle abgeschlossene Concordat auch in stürmischen Zeiten gewissenhaft aufrecht erhalten. Das gibt uns die tröstliche Hoffnung und das feste Vertrauen, dass das katholische Oesterreich, wenn auch im Augenblicke schwer gebeugt, sich mit neuer Kraft wieder erheben, dass der österreichische Doppel-Aar zu neuem Siegesfluge seine Flügel ausbreiten und dass Oesterreich berufen sein werde, jene geheimen Gesellschaften vom

Angesichte der Erde zu vertilgen, welche durch Gewalt, List und Verrath und auch durch jene Klugheit, in der die Kinder dieser Welt, nach dem Ausspruche der heil. Schrift, die Kinder des Lichtes übertreffen, den Triumph des Schlechten über das Gute herbeizuführen suchen. Jesus, der König der Glorie, lasse unsere Hoffnung und unser Vertrauen nicht zu Schanden werden: seine unbefleckte Mutter, die Hülfe der Christen, rette und beschütze uns!

Wien, 27. Juli 1866.

Der Verfasser.

I.

Mehr als ein Jahrhundert ist verflossen, seit der heilige Stuhl sich zum erstenmal genöthigt sah, seine Stimme gegen die geheimen Gesellschaften zu erheben und den Bannfluch gegen ihr im Finstern schleichendes Treiben, gegen alle ihre Mitglieder, Anhänger und Begünstiger zu schleudern. Eine Reihe von ausgezeichneten Päpsten, von Clemens XII. angefangen bis herab auf den glorreich regierenden Pius IX. hat das Verdammungsurtheil über die Freimaurer, die Carbonari und was immer für Namen jene schändlichen Gesellschaften haben mögen, welche ihre Werke vor dem Lichte des Tages verbergen müssen, weil sonst augenblicklich der Fluch der ganzen Menschheit sie treffen würde, wiederholt in feierlichster Weise in ihren Constitutionen, Encycliken und anderen Actenstücken ausgesprochen. Es befinden sich unter diesen Päpsten Männer, wie Benedict XIV., ausgezeichnet durch seine Gelehrsamkeit, Pius VII., der grosse Dulder und Märtyrer, dessen ganzes Pontificat bis auf die letzten Jahre durch die Wirksamkeit jener geheimen Gesellschaften verbittert wurde; Leo XII., einer der grössten Päpste, welche je den Stuhl des heiligen Petrus zierten; Gregor XVI., welcher sein Pontificat mit einem energischen Kampfe wider die Umtriebe geheimer Gesellschaften beginnen musste, die das Banner der Empörung gegen seinen weltlichen Thron erhoben, und Pius IX., welchen der Einfluss derselben des grössten Theils seines weltlichen Gebietes bereits beraubt hat, und in einer, wie sie beschlossen, nicht fernen Zukunft auch des letzten Restes seiner weltlichen Herrschaft zu berauben droht.

Aber nicht blos die Päpste, sondern auch die meisten weltlichen Fürsten und Reiche, die grössten und mächtigsten nicht ausgenommen, haben die unheilvolle Macht und Wirksamkeit der geheimen Gesellschaften seit einem Jahrhundert mehr als einmal erfahren, und was noch schlimmer ist, ihre verderblichen Grundsätze haben die ganze Weltanschauung vergiftet, das öffentliche Leben mit allen seinen Kundgebungen entchristlicht, die Politik und die Gesetzgebung gottlos gemacht, das Recht der Macht an die Stelle der Macht des Rechtes gesetzt und das Angesicht der Erde im Geiste des Bösen erneuert.

Der heilige Stuhl kann sich nicht den Vorwurf machen, dass er es versäumt hätte, dieser Pest gleich bei ihrem Erscheinen kräftig entgegen getreten zu sein, aber die Fürsten und die Regierungen haben in dieser Beziehung nicht nur vieles versäumt, sie haben sogar der weiteren Ausbreitung dieser Pest selbst die Wege gebahnt, ja es gab und gibt noch heute Fürsten, die eine ganz besondere Ehre darin suchen, Mitglieder geheimer Gesellschaften zu sein und scheinbar an ihrer Spitze zu stehen, ihnen den Glanz ihrer Krone zu borgen, welche die geheimsten Leiter derselben doch nur als einen Aushängeschild benützen, um die thörichte Menge zu blenden.

Den Reigen der Päpste, welche ihre apostolische Stimme gegen die geheimen Gesellschaften erhoben, eröffnet im Jahre 1738 Clemens XII. mit seiner Constitution *In eminenti*, welche direct gegen die Freimaurer (*liberi muratori, francs maçons*) gerichtet ist. Ihm folgt im Jahre 1751 Benedict XIV. mit seiner Constitution *Providas* gleichfalls gegen die Freimaurer. Im Jahre 1821 erliess Pius VII. die Constitution *Ecclesiam* gegen die Carbonari. In umfassendster Weise beschäftigt sich sodann mit den geheimen Gesellschaften im Jahre 1825 die Constitution Leo's XII.; Pius VIII. verdammt sie in seiner Encyclica vom 24. Mai 1829 und Gregor XVI. in seiner Encyclica *Mirari vos* vom 15. August 1832. Pius IX. endlich beschäftigt sich mit ihnen in einer Reihe von Aktenstücken, namentlich in der Encyclica vom 9. November 1846, in der Allocution *Quibus quantisque* vom 20. April 1849, in der Allocution vom 9. November 1854, in der Allocution vom 8. December 1864 und endlich in der Allocution vom 25. September 1865.

Wir theilen in den nachfolgenden Blättern der Reihe nach die Actenstücke mit, welche der apostolische Stuhl zur Bekämpfung der geheimen Gesellschaften im Laufe von nahezu 130 Jahren erlassen hat, um durch sie nicht blos das Verhalten zu documentiren, welches der heilige Stuhl gegen diese Gesellschaften und ihre Grundsätze jederzeit beobachtet hat, sondern auch, um an der Hand dieser Actenstücke die furchtbaren Fortschritte und Verwüstungen zu constatiren, welche diese Gesellschaften durch die Nachlässigkeit oder durch die Mitschuld derjenigen gemacht und angerichtet haben, deren Beruf und Pflicht es gewesen wäre, der Stimme der Wahrheit, welche vom Stuhle des heiligen Petrus ohne Unterlass laut und kräftig erscholl, durch die starke Hilfe des weltlichen Armes Nachdruck zu verleihen.

Die wörtliche Mittheilung und die Zusammenstellung dieser Actenstücke hat endlich auch den Zweck, durch die grössere Publicität, welche wir denselben durch diese besondere Ausgabe zu verleihen hoffen, jeden Katholiken in den Stand zu setzen, sich durch ein genaues Studium derselben selbst ein wohlbegründetes Urtheil darüber zu bilden, ob es einem Katholiken erlaubt sein könne, in irgend einer, wenn auch noch so entfernten Beziehung zu den geheimen Gesellschaften zu stehen, und, wenn er, wie er nicht anders kann, auf Grund dieser Documente diese Frage verneinen muss, sich auch über die

Gründe Rechenschaft zu geben, aus welchen er auf jede Gemeinschaft unbedingt verzichten muss, wenn er nicht auf seine Eigenschaft als Katholik und auf das Heil seiner unsterblichen Seele verzichten will.

Wir theilen die Actenstücke, wie wir es immer zu thun pflegen, im lateinischen Urtexte und in der deutschen Uebersetzung mit und beginnen mit der Constitution Clemens XII. *In eminenti.* Sie lautet:

Verurtheilung der Gesellschaft oder der Conventikel gemeiniglich Freimaurer genannt,

unter der Strafe der Excommunication, in die man *ipso facto* verfällt und von welcher die Lossprechung, ausgenommen *in articulo mortis*, dem Papste vorbehalten ist.¹)

Clemens, Bischof,
Knecht der Knechte Gottes. Allen Christgläubigen Heil und apostolischen Segen.

Auf die erhabene Warte des Apostolats durch die Fügung der göttlichen Gnade, wenn auch unverdienter Weise gestellt, richten Wir nach der Uns anvertrauten Pflicht der Hirten-Fürsorge, so viel Uns von Oben herab gewährt wird, mit unablässiger, eifriger Sorgfalt Unser Augenmerk auf das, wodurch den Irrthümern und Lastern der Zutritt verschlossen, die Unversehrtheit der rechtgläubigen Religion hauptsächlich gewahrt und von dem ganzen katholischen Erdkreis in diesen höchst schwierigen Zeitläuften die Gefahren der Verwirrungen abgehalten werden können.

§. 1. Schon durch die Kunde des öffentlichen Rufes ist es Uns bekannt geworden, dass gewisse Gesellschaften, Vereine, Zusammenkünfte, Versammlungen, Vereinigungen oder Conventikel gewöhnlich

---

¹) *Condemnatio societatis, seu conventicularum — vulgo de' liberi Muratori, aut des Francs Massons — sub poena excommunicationis ipso facto incurrendae, ejus absolutione, excepto mortis articulo, summo pontifici reservata.*

Clemens episcopus,
Servus Servorum Dei. Universis Christifidelibus salutem et apostoticam
benedictionem.

In eminenti apostolatus specula, meritis licet imparibus, divina disponente clementia, constituti juxta creditum nobis pastoralis providentiae debitum jugi, quantum ex alto conceditur, sollicitudinis studio iis intendimus, per quae erroribus vitiisque aditu intercluso, orthodoxae religionis potissimum servetur integritas, atque ab universo catholico orbe difficillimis hisce temporibus perturbationum pericula propellantur.

§. 1. Sane vel ipso rumore publico nunciante Nobis innotuit, longe lateque progredi, atque in dies evalescere nonnullas societates, coetus, conventus, collectiones, aggregationes seu conventiculas, vulgo de' liberi Muratori seu Francs Massons,

Freimaurer oder Francs-Maçons oder mit was immer für einem anderen Namen nach der Verschiedenheit der Sprache genannt, weit und breit Fortschritte machen und von Tag zu Tag zunehmen, in welchen Menschen jeder Religion und Secte mit einer gewissen zur Schau getragenen Art von natürlicher Rechtschaffenheit zufrieden, durch ein eben so enges als undurchdringliches Bündniss nach bestimmten Gesetzen und Statuten sich gegenseitig verbünden, und welche im Geheimen arbeiten, indem sie sowohl durch einen strengen Eid auf die heil. Bibel, als durch die Androhung der schwersten Strafen zu unverbrüchlichem Stillschweigen verpflichtet werden. Da aber das Wesen des Frevels ein solches ist, dass er sich selbst verräth und sich durch seinen Ruf anzeigt, darum haben die vorerwähnten Gesellschaften oder Conventikel in den Herzen der Gläubigen einen so starken Verdacht erweckt, dass der Eintritt in diese Versammlungen bei den Klugen und Rechtschaffenen ganz dasselbe ist, als wenn man in den Ruf der Schlechtigkeit und der Verderbtheit kommt; denn wenn sie nicht schlecht handeln würden, so würden sie keineswegs das Licht so sehr hassen. Dieser Ruf wuchs aber so an, dass in mehreren Gegenden die erwähnten Gesellschaften schon früher durch die weltliche Gewalt, als der Sicherheit der Staaten entgegen, verboten und vorsorglich ausgerottet wurden.

§. 2. Wir also, im Geiste erwägend die höchst schweren Schäden, welche meistens durch solche Gesellschaften oder Conventikel nicht blos der Ruhe des weltlichen Staates, sondern auch dem geistlichen Wohle der Seelen zugefügt werden, und erwägend, dass sie daher weder mit den bürgerlichen noch mit den canonischen Bestimmungen im Einklang seien, da Uns das Wort Gottes lehrt, dass Wir wie ein getreuer und kluger Knecht, welcher über die Familie des Herrn gesetzt ist, wachen müssen, dass derartige Leute nicht wie Diebe

---

aut alia quavis nomenclatura pro idiomatum varietate nuncupata, in quibus cujuscunque religionis et sectae homines affectata quadam contenti honestatis naturalis specie, arcto aeque ac impervio foedere secundum leges et statuta sibi condita invicem consociantur; quaeque simul clam operantur, tum districto jurejurando ad sacra biblia interposito, tum gravium poenarum exaggeratione inviolabili silentio obtegere adstringuntur. Verum cum ea sit sceleris natura, ut se ipsum prodat et clamorem edat sui indicem, hinc societates, seu conventiculae praedictae vehementem adeo fidelium mentibus suspicionem ingesserunt, ut iisdem aggregationibus nomen dare apud prudentes et probis idem omnino sit, ac pravitatis et perversionis notam incurrere; nisi enim male agerent tanto nequaquam odio lucem haberent. Qui quidem rumor eo usque percrebuit, ut in plurimis regionibus memoratae societates per seculi potestates tanquam regnorum securitati adversantes proscriptae, ac provide eliminatae jam pridem extiterint.

§. 2. Nos itaque animo evolventes gravissima damna, quae ut plurimum ex hujusmodi societatibus, seu conventiculis nedum temporalis reipublicae tranquillitati, verum etiam spirituali animarum saluti inferuntur, atque idcirco tum civilibus, tum canonicis minime cohaerere sanctionibus, cum divino eloquio doceamur, die noctuque more servi fidelis et prudentis Dominicae familiae praepositi vigilandum esse, ne hu-

das Haus untergraben und wie Füchse den Weinberg zu verwüsten trachten, dass sie nämlich nicht die Herzen der Einfältigen verderben und die Unschuldigen im Verborgenen verwunden, haben, um die breite Strasse zu verrammeln, welche dadurch zur ungestraften Begehung von Sünden eröffnet werden könnte, und aus anderen gerechten und vernünftigen, Uns bekannten Gründen, diese Gesellschaften, Vereine, Zusammenkünfte, Versammlungen, Vereinigungen oder Conventikel, F r e i m a u r e r oder mit was immer für einem andern Namen genannt, nach dem Rathe einiger Unserer ehrwürdigen Brüder der Cardinäle der heil. römischen Kirche, zowie auch aus Unserem eigenen Antrieb, aus Unserer gewissen Kenntniss und mit Unserer reiflichen Ueberlegung zu verdammen und zu verbieten entschieden und beschlossen, wie Wir sie durch diese Unsere auf ewige Zeiten giltige Constitution verdammen und verbieten.

§. 3. Darum gebieten Wir allen und jeden Christgläubigen jeden Standes, Ranges, Berufes, Ordens, Würde und Vorrangs, sowohl Laien als Welt- und Regular-Clerikern, auch wenn sie eine besondere und einzelne Erwähnung und Anführung verdienen würden, strenge und kraft des heil. Gehorsames, dass keiner unter was immer für einem Vorwande oder Beschönigung es wage, oder sich anmasse, die vorerwähnten Gesellschaften der Freimaurer, oder wie sie sonst genannt werden mögen, einzugehen, oder sie zu verbreiten, zu begünstigen und in ihren Palästen oder Häusern oder anderswo aufzunehmen und zu verbergen, sich in sie einschreiben und aufnehmen zu lassen, oder ihnen beizuwohnen oder Gelegenheit zu verschaffen, dass sie anderswo zusammen berufen werden, und ihnen in irgend etwas behilflich zu sein oder ihnen sonst öffentlich oder im Verborgenen, direct oder indirect, selbst oder durch Andere,

---

jusmodi hominum genus veluti fures domum perfodiant, atque instar vulpium vineam demoliri nitantur, ne videlicet simplicium corda pervertant atque innoxios sagittent in occultis, ad latissimam, quae iniquitatibus impune patrandis inde aperiri posset, viam obstruendam aliisque de justis ac rationalibus causis, Nobis notis; eusdem societates, coetus conventus, collectiones, aggregationes, seu conventiculas, d' liberi Muratori seu Francs Massons, aut alio quocunque nomine appellata; de nonnullorum venerabilium fratrum Nostrorum sanctae romanae ecclesiae Cardinalium consilio, ac etiam motu proprio, et ex certa scientia, ac matura deliberatione Nostris deque apostolicae potestatis plenitudine damnanda et prohibenda esse statuimus, et decrevimus, prout praesenti Nostra perpetuo valitura constitutione damnamus, et prohibemus.

§. 3. Quocirca omnibus et singulis Christifidelibus cujuscumque status, gradus, conditionis, ordinis, dignitatis et praeeminentiae, sive laicis, vel Clericis, tam secularibus quam regularibus, etiam specifica et individua mentione et expressione dignis districte, et in virtute sanctae obedientiae praecipimus, ne quis sub quovis praetextu aut quaesito colore audeat, vel praesumat praedictas societates, d' liberi Muratori, seu Francs Massons, aut alias nuncupatus inire vel propagare, confovere, ac in suis aedibus, seu domibus, vel alibi receptare, atque occultare, iis adscribi, aggregari, aut interesse, vel commoditatem facere, aut aliquid ministrare, sive alias consilium, auxilium, vel favorem palam, aut in occulto, directe, vel indirecte, per se, vel alios quo-

irgendwie Rath, Beistand oder Begünstigung zu leihen, auch nicht Andere zu ermahnen, zu verleiten, aufzufordern oder zu verführen, sich in solche Gesellschaften einschreiben und aufnehmen zu lassen oder ihnen beizuwohnen, oder sie auf irgend eine Weise zu unterstützen und zu begünstigen; sondern sie sollen von jenen Gesellschaften, Vereinen, Zusammenkünften, Versammlungen, Vereinigungen oder Conventikeln sich durchaus enthalten, bei Strafe der Excommunication, in welche Alle, die dem Obigen zuwider handeln *ipso facto* und ohne irgend eine Erklärung verfallen sein sollen und von welcher Keiner durch jemand Andern als durch Uns oder den jeweiligen römischen Papst, ausser wenn er sich in unmittelbarer Todesgefahr befindet, die Wohlthat der Absolution soll erlangen können.

§. 4. Wir wollen überdies und befehlen, dass sowohl die Bischöfe und höheren Prälaten und andere Ortsordinarien, als die allenthalben bestellten Inquisitoren der ketzerischen Verderbtheit gegen die Uebertreter, was immer für eines Standes, Ranges, Berufes, Ordens, Würde oder Vorranges sie sein mögen, vorgehen und inquiriren und sie als der Ketzerei gar sehr verdächtig mit angemessenen Strafen bestrafen und in Schranken halten, denn Wir ertheilen und verleihen ihnen und Jedem von ihnen Vollmacht gegen diese Uebertreter vorzugehen und zu inquiriren und sie durch angemessene Strafen in Schranken zu halten und zu bestrafen, nöthigenfalls auch mit Anrufung des Beistandes des weltlichen Armes.

§. 5. Wir wollen aber, dass den Abschriften des Gegenwärtigen, auch den gedruckten, wenn sie von der Hand eines öffentlichen Notars unterschrieben und mit dem Siegel einer in einer kirchlichen Würde stehenden Person versehen sind, derselbe Glaube beigemessen werde, welcher diesem Unse-

---

quo modo praestare, nec non alios hortari, inducere, provocare, aut suadere, ut hujusmodi societatibus adscribantur, annumerentur, seu intersint, vel ipsas quomodo libet juvent, ac foveant, sed omnino ab iisdem societatibus, coetibus, conventibus, conventionibus, aggregationibus, seu conventiculis prorsus abstinere se debeant, sub poena excommunicationis per omnes, ut supra contrafacientes ipso facto absque ulla declaratione incurrenda, a qua nemo per quemquam nisi per Nos, seu Romanum pontificem pro tempore existentem, praeterquam in articulo mortis constitutus, absolutionis beneficium valeat obtinere.

§. 4. Volumus insuper, et mandamus, ut tam episcopi, et praelati superiores, aliique locorum ordinarii, quam haereticae pravitatis ubique locorum deputati inquisitores adversus transgressores cujuscumque sint status, gradus, conditionis, ordinis, dignitatis, vel praeeminentiae procedant, et inquirant, eosque tamquam de haeresi vehementer suspectos condignis poenis puniant, atque coerceant; iis enim, et eorum cuilibet contra eosdem transgressores procedendi, et inquirendi ac condignis poenis coercendi, et puniendi, invocato etiam ad hoc si opus fuerit, brachii secularis auxilio, liberam facultatem tribuimus et impertimur.

§. 5. Volumus autem, ut earundem praesentium transumptis etiam impressis manu alicujus notarii publici subscriptis, et sigillo personae in dignitate Ecclesiastica

rem Originalschreiben beigemessen würde, wenn es ausgehoben oder vorgezeigt würde.

§. 6. Es soll also durchaus keinem Menschen erlaubt sein, diese Unsere Erklärung, Verdammung, Befehl, Verbot und Interdict zu brechen oder ihm verwegen entgegen zu handeln. Wenn aber Jemand sich anmassen sollte, das zu versuchen, der wisse, dass er dem Zorne des allmächtigen Gottes und seiner heiligen Apostel Petrus und Paulus verfallen wird.

Gegeben zu Rom bei Santa Maria Maggiore im Jahre der Menschwerdung des Herrn Eintausend siebenhundert dreissig und acht, am 28. April, Unseres Pontificats im achten Jahre.

A. Card. Prodatario.

Visa de Curia:

J. B. Eugenius. N. Antonellus.

---

constitutae munitis, eadem fides prorsus adhibeatur, quae ipsis originalibus litteris adhiberetur, si forent exhibitae, vel ostensae.

§. 6. Nulli ergo omnino hominum liceat hanc paginam Nostrae declarationis, damnationis, mandati, prohibitionis et interdictionis infringere, vel ei ausu temerario contraire; si quis autem hoc attentare praesumpserit, indignationem omnipotentis Dei, ac beatorum Petri et Pauli Apostolorum ejus se noverit incursurum.

Datum Romae apud S. Mariam Majorem anno incarnationis Dominicae millesimo septingentesimo trigesimo octavo, quarto Cal. Maji, Pontificatus Nostri anno VIII.

A. Card. Prodatarius.

Visa de Curia

J. B. Eugenius. N. Antonellus.

II.

Betrachten wir nun den Inhalt der voranstehenden Constitution, so finden wir zunächst den allgemeinen Grund des Einschreitens der höchsten Autorität gegen die geheimen Gesellschaften auf die Pflicht des apostolischen Amtes zurückgeführt, den Irrthümern und Lastern den Zutritt zu verschliessen, den orthodoxen Glauben unversehrt zu bewahren und die Gefahren von Verirrungen von dem ganzen katholischen Erdkreis abzuhalten. Es ist also eine sehr ernste Pflicht, welche den Statthalter Christi zum Einschreiten gegen die geheimen Gesellschaften und in diesem Fall speciell gegen die Freimaurer veranlasst; es handelt sich um nichts Geringeres, als um die Lebensbedingungen der Kirche, welche von denselben bedroht sind.

Die speciellen Gründe, mit welchen der Papst sein Verdammungsurtheil motivirt, sind folgende:

1. **Die Freimaurer sind ein Bund von Menschen jeder Religion und Secte und begnügen sich mit einer gewissen zur Schau getragenen Rechtschaffenheit.**

2. **Sie arbeiten im Geheimen und verpflichten sich durch einen Eid unter Androhung der schwersten Strafen zur Wahrung der Geheimnisse.**

3. **Sie fügen die schwersten Schäden nicht blos der Ruhe des weltlichen Staates, sondern auch dem geistlichen Wohle der Seele zu.**

4. **Sie sind im Widerspruche mit den bürgerlichen und den canonischen Gesetzen.**

Wir erfahren aus dieser Constitution, wie das gesunde Gefühl des Volkes den Freimaurern mit richtigem Instincte misstraute und die Mitglieder dieses Geheimbundes für schlechte Menschen hielt und wie dieses Urtheil des Volkes allmählig eine solche Gewalt erlangte, dass in manchen Ländern die Regierungen sich genöthigt sahen, diesen Geheimbund als staatsgefährlich zu verbieten.

Diesen Verboten der weltlichen Gewalt verleiht nun der Papst eine höhere Sanction, indem er die Freimaurer und ihr Treiben vor den Richterstuhl der ewigen Wahrheit citirt und sie vor demselben schuldig findet, verbietet und verdammt.

Die Strafe, welche der Papst gegen die also Verurtheilten ausspricht, ist die höchste und schwerste, die Ausschliessung aus der Kirche durch die Excommunication, der grosse Kirchenbann, welchen, die augenscheinliche Todesgefahr ausgenommen, nur der Papst allein lösen kann.

Das Verbot der Theilnahme an diesen Gesellschaften oder der Begünstigung derselben ist ein allgemeines und umfassendes. Niemand kann sich unter was immer für einem Vorwande davon ausnehmen. Die Uebertretung dieses Verbotes ist von den geistlichen Obrigkeiten als ein Verbrechen zu verfolgen und zu bestrafen, nöthigenfalls mit Anrufung des Beistandes des weltlichen Armes.

Niemand sage, der heilige Stuhl habe hier die Freimaurer ungehört verdammt und verurtheilt. Denn dass sie eine geheime Gesellschaft sind, ein Bund von Menschen jeder Religion und Secte, welche sich durch einen schweren Eid zur Bewahrung des Geheimnisses verpflichten, das sind offenkundige, von Niemandem, auch von ihnen selbst nicht bestrittene Thatsachen. Ob aber diese Thatsachen mit den Lehren und Vorschriften der katholischen Religion im Einklang oder im Widerspruche stehen, darüber kommt das Urtheil nicht den Freimaurern, sondern dem höchsten Richterstuhle der Wahrheit, dem heiligen apostolischen Stuhle zu.

Die Freimaurer haben auch im Grunde die vornehmsten Motive, welche für ihre Verurtheilung massgebend waren, nie bestritten, sie haben sich blos bemüht, ihren Geheimbund als ungefährlich, als unschuldig und als eine blosse Wohlthätigkeitsgesellschaft, und das päpstliche Verdammungsurtheil als eine Uebertreibung darzustellen. Als nach dem Tode Clemens XII. ein neuer Papst den Stuhl Petri bestieg, nahmen sie zu einem anderen Kunstgriffe ihre Zuflucht, um das päpstliche Verdammungsurtheil abzuschwächen. Sie bekämpften nämlich nicht mehr seinen Inhalt, sondern blos noch seine formelle Giltigkeit, indem sie behaupteten, es habe keine Rechtskraft mehr und sei ausser Gebrauch gekommen, weil die Constitution Clemens XII. von seinem Nachfolger nicht ausdrücklich bestätigt worden sei. Sie hofften durch diesen Kunstgriff einen doppelten Zweck zu erreichen, einmal sich vor den Wirkungen des päpstlichen Bannstrahles zu schützen und dann den verstorbenen Papst in den Augen der gedankenlosen Menge herabzusetzen, als wäre sein Verdammungsurtheil blos die Privatmeinung eines dem Irrthume unterworfenen Menschen, welche durch die Nichtbestätigung von Seiten des nachfolgenden Papstes in sich selbst zusammenfalle, und nicht das unfehlbare Urtheil der Kirche.

Diesen Kunstgriff machte Benedict XIV. durch die nachstehende Constitution zu nichte.

Constitution Benedict XIV. gegen die geheimen Gesellschaften. *)

Benedict, Bischof,
Knecht der Knechte Gottes. Zum immerwährenden Andenken.

Wir erachten, die vorsorglichen Gesetze und Bestimmungen der römischen Päpste Unserer Vorgänger, und zwar nicht blos diejenigen, von denen Wir fürchten, dass ihre Kraft, sei es im Laufe der Zeit, sei es durch die Vernachlässigung der Leute in Verfall gerathen oder erlöschen könnten, sondern auch diejenigen, welche erst vor Kurzem in Kraft getreten und in voller Wirksamkeit sind, da gerechte und wichtige Gründe es erheischen, neuerdings durch den Schutz Unserer Autorität zu bekräftigen und zu bestätigen.

§. 1. Schon Unser Vorgänger Papst Clemens XII. seligen Andenkens hat mit seinem, im Jahre des Herrn 1738 am 28. April im achten Jahre seines Pontificats erlassenen und an alle Christgläubigen gerichteten apostolischen Schreiben, welches mit den Worten beginnt: *In eminenti*, einige Gesellschaften, Vereine, Zusammenkünfte, Versammlungen, Conventikel oder Vereinigungen, gemeiniglich Freimaurer oder anders benannt, welche damals in gewissen Ländern weit verbreitet waren, und von Tag zu Tag stärker wurden, für immer verdammt und verboten, indem er allen und jedem Christgläubigen bei Strafe der *ipso facto* ohne jede Erklärung eintretenden Excommunication, von welcher Niemand anders als der jeweilige römische Papst, ausgenommen

---

*) *Constitutio Benedicti XIV contra secretas societates.*
   Benedictus Episcopus,
 Servus servorum Dei. Ad perpetuam rei memoriam.
 Providas Romanorum pontificum praedecessorum Nostrorum leges atque sanctiones, non solum eas, quarum vigorem, vel temporum lapsu vel hominum neglectu labefactari aut extingui posse veremur, sed eas etiam, quae recentem vim, plenumque obtinent robur, justis gravibusque id exigentibus causis, novo auctoritatis Nostrae munimine roborandas confirmandasque censemus.
 §. 1. Sane felicis recordationis praedecessor Noster Clemens Papa XII. per suas apostolicas litteras anno incarnationis dominicae MDCCXXXVIII IV Calend. Maji pontificatus sui anno VIII. datas, et universis Christifidelibus inscriptas, quarum initium est: In eminenti; nonnullas societates, coetus, conventus, collectiones, conventicula, seu aggregationes, vulgo de' Liberi Muratori, seu des Francs Massons, vel aliter nuncupatas, in quibusdam regionibus tunc late diffusas, atque in dies invalescentes, perpetuo damnavit, atque prohibuit, praecipiens omnibus et singulis Christifidelibus, sub poena excommunicationis ipso facto absque ulla declaratione incurrenda, a qua nemo per alium, quam per Romanum Pontificem pro tempore exis-

in articulo mortis, sollte lossprechen können, gebot, es solle Keiner wagen oder sich unterfangen, solche Gesellschaften einzugehen oder zu verbreiten, oder zu begünstigen, aufzunehmen, zu verbergen, sich in sie einschreiben und aufnehmen zu lassen oder ihnen beizuwohnen, oder Anderes wie es in demselben Schreiben ausführlicher und umständlicher enthalten ist.

(Hier folgt als §. 2 der Wortlaut der Constitution *In eminenti.*)

§. 3. Da aber, wie Wir erfahren haben, es Einige gibt, welche kein Bedenken tragen zu behaupten und öffentlich auszustreuen, die erwähnte Strafe der Excommunication, welche, wie oben gesagt wird, von Unserem Vorgänger ausgesprochen wurde, treffe jetzt Niemanden mehr, weil die eben mitgetheilte Constitution von Uns nicht bestätigt sei, als würde zum Rechtsbestande der von einem Vorgänger erlassenen apostolischen Constitution die ausdrückliche Bestätigung des nachfolgenden Papstes erfordert.

§. 4. Und da Uns auch von einigen frommen und gottesfürchtigen Männern angedeutet wurde, es wäre zur Beseitigung aller Ausflüchte der Verleumder und zur Erklärung der Uebereinstimmung Unseres Sinnes mit dem Geiste und Willen dieses Vorgängers gar sehr erspriesslich, dass Wir der Constitution dieses Vorgängers durch Unsere Bestätigung eine neue Stütze beifügen.

§. 5. Obwohl Wir bisher — da Wir mehreren Christgläubigen, welche über die Verletzung der Bestimmungen dieser Constitution Busse thaten und Reue zeigten, und von Herzen versprachen, sich von derlei verdammten Gesellschaften oder Conventikeln ganz und gar zurückzuziehen und künftig nie mehr zu denselben zurückzukehren, die Absolution von der Excommunication, in die sie verfallen, sowohl früher oft, als besonders im verflossenen Jubiläumsjahre, gnä-

---

tentem, excepto mortis articulo, absolvi posset, ne quis auderet vol praesumeret hujusmodi societates inire, vel propagare, aut confavere, receptare, occultare, iisque adscribi, aggregari, aut interesse, et alias prout in eisdem litteris latius, et uberius continetur, quarum tenor talis est, videlicet.

§. 2. (Sequitur tenor Bullae : In eminenti.)

§. 3. Cum autem, sicut accepimus, aliqui fuerint, qui asserere, ac vulgo jactare non dubitaverint, dictam excommunicationis poenam a Praedecessore Nostro, ut praefertur, impositum non amplius afficere, propterea quod ipsa praeinserta constitutio a Nobis confirmata non fuerit, quasi vero pro apostolicarum constitutionum a praedecessore editarum subsistentia, pontificis successoris expressa confirmatio requiratur.

§. 4. Cumque etiam a nonnullis piis, ac Deum timentibus viris Nobis insinuatum fuerit, ad omnia calumniantium subterfugia tollenda, declarandamque animi Nostri cum ejusdem praedecessoris mente ac voluntate uniformitatem, magnopere expediens fore ut ejusdem praedecessoris constitutioni novum confirmationis Nostrae suffragium adjungeremus.

§. 5. Nos, licet hucusque, dum pluribus Christifidelibus de violatis ejusdem constitutionis Legibus vere poenitentibus, atque dolentibus, seque a damnatis hujusmodi societatibus, seu conventiculis omnino recessuros, et nunquam in posterum ad illas et illa redituros ex animo profitentibus, absolutionem ab incursa excommunicatione, tum antea saepe, tum maxime elapso Jubilaei anno benigne concessimus,

dig gewährt haben, oder da wir den von Uns bestellten Beichtvätern die Vollmacht ertheilt haben, dass sie diese Absolution in Unserem Namen und kraft Unserer Autorität ertheilen konnten, da wir auch mit sorgfältigem und wachsamen Eifer darauf zu dringen nicht unterlassen haben, dass von den zuständigen Richtern und Gerichten gegen die Uebertreter der erwähnten Constitution nach Massgabe des Vergehens vorgegangen werde, was auch von ihnen von selbst oft geschah, — gewiss nicht nur wahrscheinliche, sondern ganz augenscheinliche und unzweifelhafte Beweise geliefert haben, aus welchen die Gesinnung Unseres Herzens und Unser fester und wohlerwogener Wille in Bezug auf die Giltigkeit und Rechtsbeständigkeit der durch Unsern erwähnten Vorgänger Clemens wie oben mitgetheilt verhängten Censur deutlich genug abgeleitet werden musste; und obwohl Wir, wenn eine gegentheilige Meinung gegen Uns herumgetragen wurde, dieselbe ruhig verachten und dem gerechten Gerichte des allmächtigen Gottes überlassen könnten, jene Worte uns aneignend, welche ehemals wie bekannt unter der heil. Handlung gesprochen wurden: „Verleihe, o Herr, wir bitten dich, dass wir uns um das Gerede schlechter Herzen nicht kümmern, sondern diese Schlechtigkeit mit Füssen tretend, bitten wir, Du wollest uns weder durch ungerechte Beschimpfungen erschrecken, noch durch verfängliche Schmeicheleien berücken, sondern vielmehr das lieben lassen, was du befiehlst"; wie es in dem alten Messbuche steht, welches dem heil. Gelasius Unserem Vorgänger zugeschrieben wird und von dem ehrwürdigen Diener Gottes Josef Maria, Cardinal Thomasius herausgegeben wurde, in der Messe mit dem Titel: „Gegen die Widersacher."

§. 6. Damit man aber nicht sagen könne, Wir hätten unvorsichtiger Weise etwas unterlassen, wodurch Wir leicht den lügnerischen Verleumdungen ihre

---

seu dum facultatem poenitentiariis a nobis deputatis communicavimus, ut hujusmodi poenitentibus, qui ad ipsos confugerint, eandem absolutionem Nostro nomine et auctoritate impertiri valerent, dum etiam sollicito vigilantiae studio instare non praetermisimus, ut a competentibus Judicibus et tribunalibus, adversus ejusdem constitutionis violatores pro delicti mensura procederetur, quod et ab eis reipsa saepe praestitum fuit, non quidem probabilia dumtaxat, sed plane evidentia, et indubitata argumenta dederimus, ex quibus animi Nostri sensus, ac firma et deliberata voluntas, quoad censurae per dictum Clementem praedecessorem, ut praefertur, impositae vigorem et subsistentiam satis aperte inferre debuerant, si quae autem contraria de Nobis opinio circumferretur, Nos eam securi contemnere possemus, causamque Nostram, justo Dei omnipotentis judicio relinquere ea verba usurpantes quae olim inter sacras actiones recitatas fuisse constat: „Praesta quaesumus Domine ut mentium reproborum non curemus obloquium, sed eadem pravitate calcata exoramus, ut nec terreri nos lacerationibus patiaris injustis, nec captiosis adulationibus implicari, sed potius amare quod praecipis", ut habet antiquum missale, quod S. Gelasio praedecessori Nostro tribuitur, et a venerabili Dei servo Josepho Maria Cardinali Thomasio editum fuit in missa quae inscribitur: Contra obloquentes.

§. 6. Ne tamen aliquid per Nos improvide praetermissum dici valeret, quo facile possemus mendacibus calumniis fomentum adimere, atque os obstruere, audito

Nahrung nehmen und ihnen den Mund stopfen konnten, haben Wir nach vorgängiger Anhörung des Rathes einiger Unserer ehrwürdigen Brüder, der Cardinäle der heiligen römischen Kirche, beschlossen, diese Constitution Unseres Vorgängers, wie sie weiter oben Wort für Wort eingerückt ist, durch Gegenwärtiges in der specifischen Form, welche für die umfassendste und wirksamste von allen gehalten wird, zu bestätigen, wie Wir sie denn aus gewisser Wissenschaft und aus Unserer apostolischen Machtvollkommenheit durch den Inhalt eben dieses gegenwärtigen Schreibens in Allem und für Alles, gerade so, als ob sie aus Unserem eigenen Antrieb, kraft Unserer eigenen Autorität und in Unserem eigenen Namen ursprünglich erlassen wäre, bestätigen, bekräftigen und erneuern, und wollen und beschliessen, dass sie beständige Kraft und Wirksamkeit habe.

§. 7. Ferner ist unter den hochwichtigen Ursachen des Verbotes und der Verdammung, welche in der oben mitgetheilten Constitution ausgesprochen werden, die eine die, dass in derlei Gesellschaften und Conventikeln Leute jeder Religion und jeder Secte sich zusammengesellen, woraus hinreichend erhellt, welch' grosser Schaden der Reinheit der katholischen Religion zugefügt werden kann. Die andere ist das enge und unzugängliche Band des Geheimnisses, womit das geheim gehalten wird, was in derlei Conventikeln vorgeht, worauf man daher verdientermassen den Ausspruch anwenden kann, welchen Cäcilius Natalis bei Minucius Felix in einer ganz verschiedenen Sache that: Ehrbares hat immer Freude an der Oeffentlichkeit, Frevel sind geheim. Die dritte ist der Eid, wodurch sie sich zur unverbrüchlichen Bewahrung dieses Geheimnisses verpflichten, als könnte es erlaubt sein, sich unter dem Vorwande irgend eines Gelöbnisses oder Eides vor der Verpflichtung zu schützen, wenn

---

prius nonnullorum venerabilium fratrum Nostrorum S. R. E. Cardinalium consilio, eandem praedecessoris Nostri constitutionem praesentibus, ut supra, de verbo ad verbum insertam, in forma specifica, quae omnium amplissima, et efficacissima habetur, confirmare decrevimus, prout eam ex certa scientia, et apostolicae auctoritatis Nostrae plenitudine earundem praesentium litterarum tenore in omnibus, et per omnia, perinde ac si Nostris motu proprio, auctoritate, ac nomine primum edita fuisset, confirmamus, roboramus, et innovamus, ac perpetuam vim, et efficaciam habere volumus, et decernimus.

§. 7. Porro inter gravissimas praefatae prohibitionis, et damnationis causas in praeinserta constitutione enunciatas, una est, quod in hujusmodi societatibus, et conventiculis, cujuscumque religionis ac sectae homines invicem consociantur, qua ex re satis patet, quam magna pernicies catholicae religionis puritati inferri valeat. Altera est arctum et impervium secreti foedus, quo occultantur ea, quae in hujusmodi conventiculis sunt, quibus proinde ea sententia merito aptari potest, quam Caecilius Natalis apud Minucium Felicem in causa nimium diversa protulit: Honesta semper publico gaudent, scelera secreta sunt. Tertia est jusjurandum, quo se hujusmodi secreto inviolabiliter servando adstringunt; quasi liceat alicui, cujuslibet promissionis, aut juramenti obtentu se tueri, quominus a legitima potestate interrogatus, omnia fateri teneatur, quaecunque exquiruntur ad dignoscendum, an aliquid in

man von der rechtmässigen Gewalt befragt wird, Alles zu bekennen, wornach man fragt, um zu erkennen, ob in diesen Zusammenkünften etwas geschieht, was gegen die Gesetze der Religion oder des Staates wäre. Die vierte Ursache ist die, dass derlei Gesellschaften ebensowohl mit den bürgerlichen als mit den canonischen Vorschriften im Widerspruche stehen, da nämlich nach dem bürgerlichen Rechte alle Vereine und Genossenschaften, welche sich ohne öffentliche Autorität zusammenthun, verboten sind, wie man im XLVII. Buche Tit. 22 der Pandecten über die unerlaubten Vereine und Körperschaften und in dem berühmten Briefe des Plinius Secundus sehen kann, welcher der XCVII. im X. Buche ist, worin er sagt: Es sei durch sein Edict nach den Befehlen des Kaisers verboten worden, dass keine Hetärien bestehen dürfen, d. h. dass man ohne die Bewilligung des Fürsten keine Gesellschaften und Vereine eingehen und haben könne. Die fünfte ist, dass schon in mehreren Ländern die erwähnten Gesellschaften und Vereine durch die Gesetze der weltlichen Fürsten verboten und ausgerottet waren. Die letzte endlich ist, dass eben diese Gesellschaften und Vereine bei klugen und rechtschaffenen Männern im schlechten Geruche stehen, und dass diejenigen, welche in dieselben eintreten, in den Ruf der Schlechtigkeit und der Verderbtheit kommen.

§. 8. Endlich fordert eben dieser unser Vorgänger in der oben mitgetheilten Constitution die Bischöfe und höheren Prälaten und andere Orts-Ordinarien auf, sie mögen zur Ausführung derselben nöthigenfalls nicht unterlassen, die Hilfe des weltlichen Armes anzurufen.

§. 9. Das Alles und Jedes wird von uns nicht blos gutgeheissen und bestätigt und denselben geistlichen Oberen beziehungsweise anempfohlen und aufgetragen, sondern Wir rufen auch selbst nach der Pflicht Unserer geistlichen Fürsorge durch Unser gegenwärtiges Schreiben die Hilfe und den Beistand der

---

hujusmodi conventibus fiat, quod sit contra religionis aut reipublicae statum et leges. Quarta est, quod hujusmodi societates non minus civilibus, quam canonicis sanctionibus adversari dignoscuntur; quum scilicet jure civili omnia collegia et sodalitia praeter publicam auctoritatem consociata prohibeantur, ut videre est in pandectarum libro XLVII. tit. 22 de collegiis et corporibus illicitis, et in celebri epistola C. Plinii Caecilii secundi quae est XCVII libri X in qua ait, edicto suo, secundum imperatoris mandata, vetitum fuisse, ne Hetaeriae essent, id est ne societates et conventus sine principis auctoritate iniri, et haberi possent. Quinta est, quod jam in pluribus regionibus memoratae societates, et aggregationes secularium principum legibus proscriptae atque eliminatae fuerant. Ultima demum, quod apud prudentes, et probos vires eaedem societates et aggregationes male audirent, eorumque judicio, quicumque eisdem nomina darent, pravitatis et perversionis notam incurrerent.

§. 8. Denique idem praedecessor in praeinserta constitutione episcopos et superiores praelatos, aliosque locorum ordinarios excitat, ut pro illius executione, si opus fuerit, brachii secularis auxilium invocare non praetermittant.

§. 9. Quae omnia et singula non solum a Nobis approbantur et confirmantur, eisdemque ecclesiasticis Superioribus respective commendantur et injunguntur; verum

katholischen Fürsten und aller weltlichen Gewalten zur Ausführung des Vorangeschickten an und heissen sie mit eifrigem Bemühen, da die höchsten Fürsten und Gewalten von Gott zu Vertheidigern des Glaubens und Beschützern der Kirche erwählt sind und es daher ihres Amtes ist, auf jede geeignete Weise zu bewirken, dass den apostolischen Constitutionen der gebührende Gehorsam und jedwede Beobachtung gezollt werde, was ihnen die Väter der tridentinischen Synode in der XXV. Sitzung, Cap. 20 in's Gedächtniss gerufen haben und viel früher schon in herrlicher Weise der Kaiser Carl der Grosse in Titel I. Cap. 2 seiner Capitularien erklärt hatte, wo er, nachdem er allen seinen Unterthanen die Beobachtung der kirchlichen Bestimmungen anbefohlen, Folgendes beifügte: „Denn Wir können auf keine Weise anerkennen, wie diejenigen Uns treu sein können, welche Gott untreu und seinen Priestern ungehorsam sind." Darum drohte er, indem er allen Vorständen und Ministern auftrug, Alle und Jeden zur Leistung des schuldigen Gehorsams gegen die Gesetze der Kirche durchaus anzutreiben, auch die schwersten Strafen gegen diejenigen an, welche das zu thun unterlassen würden, indem er unter anderem beifügte: „Welche aber darin (was ferne sei) nachlässig oder ihnen ungehorsam erfunden würden, die mögen wissen, dass sie weder im Reiche Ehrenstellen mehr behalten können, und wären es auch Unsere eigenen Söhne, noch in Unserem Palaste einen Platz, noch irgend eine Gesellschaft oder Gemeinschaft mit Uns oder den Unsrigen haben können, sondern in Absonderung und Verödung ihre Strafe abbüssen sollen."

§. 10. Wir wollen aber, dass den Abschriften des Gegenwärtigen, auch den gedruckten, wenn sie von der Hand eines öffentlichen Notar's unterschrieben

---

etiam Nos ipsi pro apostolicae sollicitudinis officio, praesentibus Nostris litteris, catholicorum principum, omniumque secularium potestatum opem, auxiliumque ad praemissorum effectum invocamus, et enixo studio requirimus, quum ipsi supremi principes et potestates electi sunt a Deo defensores fidei, ecclesiaeque protectores; ideoque eorum munus sit idoneis quibusque rationibus efficere, ut apostolicis constitutionibus debitum obsequium et omnimoda observantia praestetur; quod iis in memoriam revocarunt Tridentinae Synodi patres sess. xxv. Cap. 20. multoque antea egregie declaraverat imperator Carolus magnus, suorum capitularium tit. 1. cap. 2. ubi, post demandatam omnibus sibi subditis, ecclesiasticarum sanctionum observantiam, haec addidit: „Nam nullo pacto agnoscere possumus qualiter Nobis fideles existere possunt, qui Deo infideles, et suis sacerdotibus inobedientes appareurint." Quapropter cunctis dictionum suarum praesidibus et ministris injungens, ut omnes et singulos ad debitam obedientiam ecclesiae legibus exhibendam omnino compellerent; gravissimas quoque poenas adversus eos indixit, qui hoc praestare negligerent, subdens inter alia: „Qui autem in his (quod absit) aut negligentes eisque inobedientes fuerint inventi, sciant, se nec in Nostro imperio honores retinere, licet etiam filii nostri fuerint, nec in palatio locum, neque Nobiscum, aut cum Nostris societatem, aut communitatem habere ullam, sed magis sub districtione et ariditate poenas luent.

§. 10. *Volumus autem, earumdem praesentium transsumptis, etiam impressis, manu alicujus notarii publici subscriptis, et sigillo personae in dignitate ecclesiastica*

und mit dem Siegel einer in einer kirchlichen Würde stehenden Person versehen sind, derselbe Glaube beigemessen werde, welcher diesem Unserem Originalschreiben beigemessen würde, wenn es ausgehoben oder vorgezeigt würde.

§. 11. Es soll also durchaus keinem Menschen erlaubt sein, dieses Blatt Unserer Bestätigung, Erneuerung, Gutheissung, Anbefehlung, Anrufung, Heischung, Unseres Beschlusses und Willens zu brechen oder ihm entgegen zu handeln. Wenn aber Jemand sich unterfangen sollte, das zu versuchen, der wisse, dass er dem Zorne des allmächtigen Gottes und seiner heiligen Apostel Petrus und Paulus verfallen wird.

Gegeben zu Rom bei S. Maria Maggiore im Jahre der Menschwerdung des Herrn Eintausend siebenhundert einundfünfzig am 18. Mai, Unseres Pontificats im elften Jahre.

D. Card. Passioneus.

D. Datarius.	J. C. Boschi.
Visa de Curia.	J. B. Eugenins.

Registrirt im Secretariat der Breven.
Publicirt am 23. desselben Monats und Jahres.

---

constitutae munitis, eadem fides prorsus adhibeatur quae ipsis originalibus litteris adhiberetur si forent exhibitae vel ostensae.

§. 11. *Nulli ergo omnino hominum liceat hanc paginam Nostrae confirmationis, innovationis, approbationis, commissionis, invocationis, requisitionis, decreti et voluntatis infringere, vel ei ausu temerario contraire. Si quis autem hoc attentare praesumpserit, indignationem omnipotentis Dei, ac beatorum Petri et Pauli apostolorum ejus se noverit incursurum.*

Datum Romae apud sanctam Mariam Majorem anno incarnationis Dominicae Millesimo septingentesimo quinquagesimo primo, quinto decimo Kalendas Junii, pontificatus Nostri anno XI.

D. Card. Passioneus.

J. Datarius.	J. C. Boschi.
Visa de Curia.	J. B. Eugenius.

Registrata in Secretaria Brevium.
Publicata die 29, ejusdem mersis et anni.

III.

In der voranstehenden Constitution theilt Benedict XIV. zunächst die Constitution Clemens XII. in ihrem vollen Wortlaute mit, und wendet sich dann gegen diejenigen, welche die Rechtskraft derselben bestreiten, weil sie noch nicht von ihm bestätigt sei, indem er die Theorie verwirft, als werde zum Rechtsbestande der von einem Vorgänger erlassenen apostolischen Constitutionen die ausdrückliche Bestätigung des nachfolgenden Papstes erfordert. Sodann erwähnt er, wie er die Constitution Clemens XII. in der Praxis wiederholt als zu Recht bestehend anerkannt, und die von ihr erlassenen Bestimmungen angewendet habe, was allein schon genügen würde, die Behauptung der Gegner Lügen zu strafen. Um denselben aber jeden Vorwand zu rauben, und den Lügnern den Mund zu stopfen, bestätigt er in der wirksamsten Form die mehrerwähnte Constitution seines Vorgängers im Ganzen und in jeder ihrer einzelnen Bestimmungen. Er wiederholt auch die von Clemens XII. aufgeführten Gründe des Verbots, heisst sie gut und bestätigt sie, indem er sie zugleich näher begründet und erweitert, und ruft auch die Hilfe und den Beistand der katholischen Fürsten und aller weltlichen Gewalten zur Ausführung der Constitutionen an, indem er sie nachdrücklich erinnert, „dass sie von Gott zu Vertheidigern des Glaubens und zu Beschützern der Kirche erwählt sind, und dass er daher ihres Amtes ist, auf jede genügende Weise zu bewirken, dass den apostolischen Constitutionen der gebührende Gehorsam und jedwede Beobachtung zu Theil werde.

Der Appell Benedict's XIV. an das Pflichtgefühl der katholischen Fürsten blieb leider zu deren eigenem Schaden ohne Erfolg. Die geheimen Gesellschaften setzten theilweise unter dem Schutze und der Begünstigung der Regierungen ihre unterirdische Arbeit fort, bis sie endlich in der grossen französischen Revolution ans volle Tageslicht trat und in den Principien von 1789 oder den sogenannten allgemeinen Menschenrechten, welche Pius VI. in seinem Breve vom 23. April 1791 an die Bewohner von Avignon und der Grafschaft Ve-

naissin *illa jura religioni et societati adversantia*, „jene der Religion und der Gesellschaft widerstreitenden Rechte" nannte, der Welt als das Gesetz der geheimen Gesellschaften dictirte.

An der Spitze der Anklagen, welche die Päpste seither gegen die geheimen Gesellschaften erhoben hatten, stand der Vorwurf, dass sie Menschen jeder Religion und Secte, die sich mit einer gewissen natürlichen Rechtschaffenheit begnügen, in ihren gemeinsamen Bund aufnehmen. Die Gleichgiltigkeit gegen die wahre Religion, den religiösen Indifferentismus, welchen die geheimen Gesellschaften auf diese Weise practisch übten, erhoben sie in den Principien von 1789 oder in den sogenannten allgemeinen Menschenrechten zum Princip, zum Recht und zum 'allgemeinen Gesetze der ganzen Menschheit. Der heilige Stuhl, welcher nicht gesäumt hatte, diesen verderblichen Grundsatz zu verdammen, als die geheimen Gesellschaften sich thatsächlich zu ihm bekannten, säumte auch nicht, sein Verdammungsurtheil gegen denselben auszusprechen, als er mit der offen ausgesprochenen Absicht auftrat, als oberstes Gesetz einer neuen Weltordnung die Runde durch die Welt zu machen. Eine Consequenz der religiösen Gleichberechtigung, welche in den Principien von 1789 ausgesprochen wurde, war die Wiederherstellung des von Ludwig XIV. widerrufenen Edicts von Nantes, gegen welche Pius VI. in einem Breve an Ludwig XVI. mit folgenden Worten protestirte:

Plurima quidem tibi de tuo detraxisti pro nationis bono, sed si in tua erat potestate, iis etiam juribus cedere, quae regiae inhaerent coronae, nullo quidem modo abalienare atque abjicere potes ea quae debentur Deo atque Ecclesiae, cujus es primogenitus filius. — „Viel hast du dir zwar zum Besten der Nation von dem Deinigen entzogen; aber wenn es in deiner Macht war, auch diejenigen Rechte abzutreten, welche der königl. Krone anhaften, so kannst du doch auf keine Weise das veräussern und wegwerfen, was Gott und der Kirche gebührt, deren erstgeborner Sohn du bist."

Und an einer andern Stelle sagt er, wie sein Vorgänger Benedict XIV., die Pflichten des Herrscheramtes gegen die Kirche hervorhebend:

Non debebit igitur majestas tua oblivisci cum discriminis quod intercedit inter temporale atque ecclesiasticum regimen, tum moniti S. Aviti ac jurisjurandi tui quod coronationis tempore edidisti, ut ita nunquam contradicas atque adversere muneri, quod sustines monarchi christianissimi, filiique Ecclesiae primogeniti, eumque in modum consequaris et a Rege regum praesidia, et ab universa Ecclesia sanctaque apostolica Sede approbationem. „Deine Majestät darf also sowohl den Unterschied zwischen der weltlichen und geistlichen Regierung als die Ermahnung des heiligen Avitus und Deinen Eid, welchen Du bei der Krönung geschworen, nicht vergessen, auf dass Du so niemals dem Amte des allerchristlichsten Monarchen und des erstgebornen Sohnes der Kirche, welches Du bekleidest, widersprechen und zuwider handeln mögest und auf diese Weise vom

König der Könige Schutz und von der ganzen Kirche und dem heiligen apostolischen Stuhle Billigung erlangen mögest.

Noch viel entschiedener und directer verdammt Pius VI. die Wiederherstellung des Edicts von Nantes in der Consistorial-Allocution vom 26. September 1791, worin es dasselbe *edictum plane exitiosum ac pestilens* nennt, *ex quo praecipue ea damna manarunt, quae nunc religionem et regnum dilacerant ac evertunt, merito propterea per apostolicam sedem a suo usque initio reprobatum.* „Ein ganz verderbliches und pestilenzialisches Edict, aus dem hauptsächlich jene Schäden flossen, welche jetzt die Religion und das Reich zerfleischen und umstürzen und welches darum mit Recht vom apostolischen Stuhle gleich von Anfang an verworfen wurde. Dann fährt Pius VI. fort: *Nos illico expostulationes ea de re Nostras deferendas curavimus per venerabilem fratrem Antonium archiepiscopum Rhodiensem nuncium Nostrum, idemque praestiterunt religiosi per Gallias episcopi, sed et Nostrae et illorum querelae in irritum ceciderunt."* Wir liessen sofort durch Unseren ehrwürdigen Bruder Anton Erzbischof von Rhodus, Unseren Nuntius, Unsere Beschwerden darüber anbringen, und dasselbe thaten auch die gewissenhaften französischen Bischöfe, aber sowohl Unsere als Jener Klagen waren vergeblich.

Mit ebenso grosser Entschiedenheit spricht Pius VI. in einem Breve an Cardinal Larochefoucault und an die anderen Prälaten der constituirenden Versammlung bei der Verurtheilung der Principien von 1789 gegen die Religionsfreiheit mit folgenden Worten:

Nunc alia ratione nomen illud libertatis expendamus, discrimenque inspiciamus quod intercedit inter homines qui extra gremium ecclesiae semper fuerunt, quales sunt infideles et judaei, atque inter illos qui se ecclesiae ipsi per susceptum Baptismi sacramentum subjecerunt. Primi etenim constringi ad catholicam obedientiam profitendam non debent; contra vero alteri sunt cogendi. Id quidem discrimen solidissimis, prout solet rationibus exponit S. Thomas Aquinas, ac multis ante saeculis Tertullianus exposuit in libro Scorpiaci *adversus Gnosticos et paucis ante annis, Benedictus XIV. in opere (De servorum Dei beatificatione et beatorum canonisatione). Atque ut magis adhuc hujus argumenti pateat ratio videndae sunt duae celeberrimae, ac pluries typis editae S. Augustini epistolae, una ad Vincentium Cartennensem, altera ad Bonifacium comitem, per quas non veteres solum, sed et recentes haeretici plane refelluntur. Quare manifeste perspicitur aequalitatem, et libertatem a conventu* nationali *jactatam, in illud, ut jam probavimus, recidere, ut catholica subvertetur religio, cui propterea dominantis titulum in Regno, quo potita semper est, detrectavit.*

„Jetzt wollen Wir das Wort Freiheit von einer anderen Seite betrachten und **den** Unterschied in's Auge fassen, welcher zwischen Menschen besteht, die **immer** ausserhalb des Schoosses der Kirche waren, wie die Ungläubigen und die **Juden,** und zwischen jenen, welche sich durch den Empfang des Sacraments der Taufe selbst der Kirche unterwarfen; denn die ersten dürfen

2*

zur Uebung des katholischen Gehorsams nicht gezwungen werden, die anderen dagegen sind dazu zu zwingen. Diesen Unterschied setzt nach seiner Gewohnheit der h. Thomas von Aquino mit den solidesten Gründen auseinander und viele Jahrhunderte früher hat ihn Tertullian in dem Buche Scorpiaci gegen die Gnostiker und vor wenigen Jahren Benedict XIV. in dem Werke über die Seligsprechung der Diener Gottes und die Heiligsprechung der Seligen auseinandergesetzt. Und damit die Richtigkeit dieses Argumentes noch einleuchtender werde, sehe man die beiden hochberühmten und oft im Drucke herausgegebenen Briefe des h. Augustinus an Vincentius von Cartenne und an den Grafen Bonifacius, durch welchen nicht blos die alten, sondern auch die neuen Häretiker völlig widerlegt werden. Daraus ist klar zu ersehen, wie die vom National-Convent gerühmte Freiheit und Gleichheit darauf hinauslaufe, dass, wie Wir bereits bewiesen haben, die katholische Religion umgestossen werde, welcher er deshalb den Titel der Herrschenden, den sie in diesem Reiche immer besessen, entzogen hat.

Gegen den ebenfalls freimaurerischen Grundsatz der allgemeinen Gewissensfreiheit spricht sich Pius VI. in demselben Breve folgendermassen aus:

Eo quippe consilio decernitur, ex illa conventus constitutione, in jure positum esse ut homo in societate constitutus omnimoda gaudeat libertate, ut turbari scilicet circa religionem non debeat, in ejusque arbitrio sit de ipsius religionis argumento quidquid velit opinari, loqui, scribere, ac typis etiam evulgare. Quae sane monstra ab illa hominum inter se aequalitate, naturaeque libertate derivari, ac emanare declaravit. Sed quid inanius excogitari potest, quam talem aequalitatem libertatemque inter omnes constituere?

„Durch diesen Beschluss wird nach jener Constitution des Convents entschieden, es sei im Rechte festgesetzt, dass der in der Gesellschaft weilende Mensch jeder Art von Freiheit sich erfreue, dass er also in Bezug auf die Religion nicht beunruhigt werden dürfe, und dass es in seinem Belieben stehe, über die Religion zu denken, zu reden, zu schreiben und auch drucken zu lassen, was er wolle. Und man erklärt, dass diese Ungeheuerlichkeiten aus jener Gleichheit der Menschen unter einander und aus der natürlichen Freiheit entspringen und hervorgehen. Was kann man sich aber Unsinnigeres denken, als eine solche Freiheit und Gleichheit unter Allen zu begründen?"

In dem Breve vom 23. Februar 1791 an den Cardinal de Lomenie schreibt Pius VI.: *Quis non videat constitutionem nationalem, dum libertatem relinquit homini, ea quae velit cogitandi et scribendi de rebus ad religionem spectantibus, praefracte cum religione ipsa pugnare.* „Wer sollte nicht sehen, dass die National-Constitution, indem sie dem Menschen die Freiheit lässt, über die auf die Religion bezüglichen Dinge zu denken und zu schreiben was er will, hartnäckig gegen die Religion selbst kämpft?"

In der Consistorial-Allocution, in welcher Pius VI. den Tod Ludwig XVI. beklagt, äussert er sich über die Freiheit und Gleichheit im Allgemeinen wie folgt: *Actum fuit, ut, cum his artibus ad suas partes maximam populi multitudinem illexissent, ad eandem, per omnes Galliae provincias, magisque ope ac promissis lactandam, seu potius illudendam, speciosum illud reperirent libertatis nomen, omnesque ad ejus elata insignia ac vexilla evocarent. Haec illa nempe philosophica libertas est, quae illuc spectat, ut corrumpantur animi, ut depraventur mores, ut omnis legum, ac rerum omnium ordo subvertatur. Eam propterea gallicani cleri conventus fuit detestatus jam in plebis animos per fallacissimas irrepentem sententias, eam Nos ipsi in memorata encyclica hisce verbis designandam, declarandamque duximus: „Id praeterea adgrediuntur perditissimi philosophi, ut quibus homines vinculis inter se, atque cum dominantibus conjunguntur, et in officio continentur, ea omnia dissolvant, liberum hominem nasci ad nauseam usque clamitant, regeruntque, nec cujusquam obnoxium imperio: societatem proptera multitudinem esse hominum ineptorum quorum se prosternat stupiditas coram sacerdotibus, a quibus decipiantur, coram regibus, a quibus opprimantur; adeo ut concordia inter sacerdotium et imperium nihil aliud sit, quam immanis conspiratio contra insitam homini libertatem." Falso huic ac mendaci libertatis nomini illi jactati humani generis patroni adjunxerunt aliud aeque fallax nomen aequalitatis inter homines scilicet, qui in civilem societatem coierunt, quasi, illi cum variis obnoxii sint animarum affectionibus ac in diversos abeant, incertosque pro sua cujusque libidine motus, nemo esse debeat, qui auctoritate et vi praevaleat, coerceat, moderetur, ac a perversa agendi ratione ad officia revocet, ne societas ipsa ex tam temerario, ac inter se adverso plurimorum cupiditatum impetu in anarchiam decidat prorsusque dissolvatur; ad instar harmoniae quae ex plurimorum sonorum consensione componitur, et si non apta chordarum vocumque temperatione consistat, in perturbatos abit strepitus, ac plane dissonos.*

„Es war dahin gekommen, dass diese Leute, nachdem sie durch ihre Ränke die grösste Volksmenge auf ihre Seite gelockt hatten, um sie in allen Provinzen Frankreichs mehr und mehr durch Gewalt und durch Versprechungen anzulocken oder vielmehr zu betrügen, das schöne Wort Freiheit erfanden und alle unter ihre hocherhobenen Fahnen und Feldzeichen riefen. Das ist nämlich jene philosophische Freiheit, welche dahin abzielt, dass die Herzen verderbt, die Sitten verschlechtert, dass jede Ordnung der Gesetze und aller Dinge umgestürzt werde. Deswegen hatte die Versammlung des gallicanischen Clerus sie verabscheut, da sie bereits durch die trugvollsten Ansichten in die Herzen des Volkes sich einschlich und Wir selbst haben sie in Unserer früher erwähnten Encyclica mit folgenden Worten kennzeichnen und darlegen zu müssen geglaubt: „Ausserdem gehen die höchst verderbten Philosophen daran, alle Bande, durch welche die Menschen unter sich und mit den Herrschenden verbunden sind und in der Pflicht erhalten werden, aufzulösen; frei werde der Mensch geboren, schreien und wiederholen sie bis zum Ekel, und Niemands

Herrschaft unterthan: die Gesellschaft sei deshalb eine Masse von Dummköpfen, die sich in ihrer Dummheit vor den Priestern, von welchen sie betrogen, und vor den Königen, von welchen sie unterdrückt werden, niederwerfen; so dass die Eintracht zwischen Kirche und Staat nichts anderes wäre, als eine grausame Verschwörung gegen die dem Menschen angeborne Freiheit." Diesem falschen und lügnerischen Worte Freiheit fügten jene sogenannten Beschützer des Menschengeschlechtes das andere eben so trügerische Wort Gleichheit bei, unter Menschen nämlich, die sich zu einer bürgerlichen Gesellschaft zusammen gethan haben, als ob es, da sie doch verschiedenen Gemüthsstimmungen unterworfen sind, und je nach der Lust eines jeden in verschiedene und ungewisse Regungen auseinander gehen, Niemanden geben dürfte, der durch Autorität und Gewalt die Oberhand hätte, strafte, zügelte, und von verkehrter Handlungsweise zur Pflicht zurückriefe, damit nicht die Gesellschaft selbst durch den blinden Ungestüm so vieler sich einander bekämpfender Begierden in Anarchie stürze und sich gänzlich auflöse, so wie ein Musikstück, welches auf das Zusammenstimmen vieler Stimmen gesetzt ist, in verwirrtes und ganz misstönendes Geräusch auseinander geht, wenn es nicht auf dem gehörigen Zusammenklang der Saiten und der Stimmen beruht."

In den voranstehenden Sätzen, insbesondere in der aus der Allocution citirten Stelle characterisirt Pius VI. die Quintessenz des freimaurerischen Catechismus, wie er in den höheren Graden den Adepten der geheimen Gesellschaften vorgetragen und theilweise in den Werken ihrer vornehmsten Mitglieder öfter verkündigt wird.

IV.

Während Pius VI. auf diese Weise unerschrocken und ohne Unterlass, nach der Pflicht seines apostolischen Amtes, seine Stimme gegen Principien erhob, die sich bereits in Thatsachen verkörperten, welche mit der Macht der bösen Gewalt über alle Proteste der Wahrheit und Gerechtigkeit hinwegschritten, verschlang der durch das Walten der geheimen Gesellschaften heraufbeschworene Sturm der Revolution seinen weltlichen Thron und entführte ihn selbst aus Rom, dem Sitze der katholischen Einheit, in die Verbannung, in welcher er starb. Aber schon sein Nachfolger Pius VII. hatte, freilich nach vielen Leiden, den Trost, den tausendjährigen weltlichen Thron der Päpste wieder aufgerichtet und die Kirche über ihre Feinde triumphiren zu sehen. Aber die geheimen Gesellschaften waren noch keineswegs überwunden. Kaum sechs Jahre nach Wiederherstellung des päpstlichen Thrones im Jahre 1821 sah sich Pius VII. nach dem Beispiele seiner Vorgänger genöthigt, ein neues Verdammungsedict gegen die geheimen Gesellschaften zu erlassen, welche damals unter dem Namen der Carbonari durch ihr schändliches Treiben Italien und insbesondere den Kirchenstaat in Verwirrung stürzten.

Die Constitution Pius VII. gegen die Carbonari lautet wie folgt:

Verurtheilung der geheimen Gesellschaften Carbonari genannt.¹)

Pius VII.,

Knecht der Knechte Gottes, zum immerwährenden Andenken.

§. 1. Die von Jesus Christus, unserem Erlöser, auf einem festen Felsen gegründete Kirche, welche, wie Christus selbst versprochen hat, die Pforten der

---

*) *Damnatio societatis secretae nuncupatae Carbonariorum.*
Pius episcopus,
Servus servorum Dei. Ad perpetuam rei memoriam.
§. 1. *Ecclesiam a Jesu Christo Servatore nostro supra firmam petram fundatam, et adversus quam ipsemet Christus promisit nunquam portas inferi praevalituros,*

Hölle niemals überwältigen werden, haben oft schon so viele und so furchtbare Feinde angegriffen, dass man, wenn jene göttliche Verheissung nicht dazwischen getreten wäre, hätte befürchten müssen, sie möchte durch ihre Gewalt oder durch ihre Ränke oder durch ihre List gänzlich zu Grunde gehen. Was aber in früheren Zeiten sich ereignet hat, das ist auch und ganz besonders in dieser unserer betrübten Zeit geschehen, welche man für jene jüngste Zeit halten könnte, die so lange vorher von den Aposteln vorausgesagt wurde, wo Betrüger kommen werden, die nach ihren Gelüsten in Gottlosigkeit wandeln. Denn Niemanden ist es verborgen, welche Menge ruchloser Menschen in diesen höchst schwierigen Zeiten sich zusammengerottet hat gegen den Herrn und gegen seinen Gesalbten, welche hauptsächlich darauf ausgehen, die Gläubigen durch die Philosophie und durch eiteln Trug zu täuschen, und von der Lehre der Kirche abwendig zu machen, um dann, freilich mit vergeblichem Bemühen, die Kirche selbst zu erschüttern und zu stürzen.

Um das desto leichter zu erreichen, haben viele derselben verborgene Vereine und heimliche Secten zusammengebracht mit der Hoffnung, durch dieselben die Meisten in ihre Verschwörungs- und Frevel-Genossenschaft mit grösserer Freiheit hineinzuziehen.

§. 2. Schon früher hat dieser heilige Stuhl, als diese Secten entdeckt wurden, mit lauter und freier Stimme gegen dieselben gerufen und die Pläne, welche sie gegen die Religion, ja auch gegen die bürgerliche Gesellschaft heimlich geschmiedet, offenkundig gemacht. Schon früher hat er die sorgfältige Wachsamkeit Aller aufgefordert, auf ihrer Huth zu sein, damit diese Secten nicht versuchen dürfen, was sie ruchloser Weise im Schilde führten. Aber es ist zu beklagen, dass diesen Bemühungen des apostolischen Stuhles nicht jener Erfolg entsprach, den er bezweckte, und dass die ruchlosen Menschen nie von

---

tot saepe, ac tam formidolosi hostes aggressi sunt, ut nisi divina illa, et quae transire non potest promissio intercessisset, metuendum videretur, ne ipsa illorum aut vi, aut artibus, aut calliditate circumventa, penitus interiret. Quod vero superioribus temporibus evenit, id etiam et praecipue quidem luctuosa hac nostra aetate factum est, quae novissimum illud tempus esse videtur tanto ante ab apostolis praenuntiatum, quo venient illusores secundum desideria sua ambulantes in impietatibus. Nec enim quemquam latet, quanta scelestorum hominum multitudo difficillimis hisce temporibus convenerit in unum adversus Dominum, et adversus Christum ejus, qui id praecipue curant, ut deceptis per philosophiam et inanem fallaciam fidelibus, et ab Ecclesiae doctrina avulsis ipsam Ecclesiam, irrito licet conatu, labefactent, et evertant. Quod ut facilius assequerentur eorum plerique occultos coetus clandestinasque sectas coegerunt, ex quibus futurum sperabant, ut plurimos in suae conjurationis et sceleris societatem liberius pertraherent.

§. 2. Jam pridem sancta haec Sedes, his sectis detectis, magna liberaque voce contra eas clamavit, et consilia, quae clam ab iis essent inita contra religionem, imo et contra civilem societatem, patefecit. Jam pridem omnium excitavit diligentiam ut caverent ne his sectis id conari liceret quod nefarie meditabantur. Verum dolendum est, his Sedis apostolicae studiis non eum exitum respondisse, quem ipsa spectabat, et

ihrem gefassten Plane abgestanden, woraus endlich jene Uebel erfolgten, die wir selbst gesehen haben. Ja die Menschen, deren Hochmuth immer steigt, haben sogar neue Gesellschaften einzugehen gewagt.

§. 3. Erwähnt muss an diesem Orte die neuerdings entstandene und weit und breit in Italien und anderen Ländern verbreitete Gesellschaft werden, welche, obwohl sie in mehrere Secten sich theilt, und nach der Verschiedenheit derselben zuweilen verschiedene und unterschiedliche Namen annimmt, doch in der That durch die Gemeinschaft der Grundsätze und der Frevel und durch die Eingehung eines gewissen Bündnisses Eine ist, und meistens die Gesellschaft der Carbonari genannt zu werden pflegt. Sie heucheln zwar eine besondere Achtung und einen gewissen wundersamen Eifer für die katholische Religion und für die Person und Lehre unseres Erlösers Jesu Christi, den sie auch bisweilen ruchloser Weise den Leiter und Grossmeister ihrer Gesellschaft zu nennen pflegen; aber diese Reden, welche geschmeidiger zu sein scheinen als Oel, sind nichts anderes als Geschosse, welche die listigen Menschen, die im Schafspelze kommen, innerlich aber reissende Wölfe sind, anwenden, um Unvorsichtige desto sicherer zu verwunden.

§. 4. Fürwahr, jener höchst strenge Eid, mit welchem sie, grösstentheils die alten Priscillianisten nachahmend, geloben, zu keiner Zeit und in keinem Falle den in die Gesellschaft nicht Aufgenommenen irgend etwas zu offenbaren, was diese Gesellschaft betrifft, oder denen, welche in den unteren Graden sind, etwas mitzutheilen, was die höheren Grade betrifft; ferner jene heimlichen und unerlaubten Conventikel, welche sie nach der von mehreren Häretikern angenommenen Sitte halten, und die Aufnahme von Leuten jeder Religion und

scelestos homines nunquam a suscepto consilio destitisse, unde consecuta tandem ea mala sunt, quae Nosmetipsi perspeximus. Imo homines quorum superbia ascendit semper, novas etiam secretas societates inire ausi sunt.

§. 3. Commemorari hoc loco debet societas nuper orta, et longe lateque in Italia aliisque in regionibus propagata, quae licet in plures sectas divisa sit, ac pro earum varietate diversa ac distincta inter se nomina aliquando assumat, re tamen, sententiarum et facinorum communione, et foedere quodam inito una est, et Carbonariorum plerumque colet appellari. Simulant illi quidem singularem observantiam et mirificum quoddam studium in Catholicam religionem, et in Jesu Christi, Servatoris nostri personam et doctrinam, quem etiam societatis suae rectorem et magnum magistrum nefarie aliquando audent appellare. Verum sermones hi, qui super oleum molliti videntur nihil aliud sunt quam jacula ad tutius vulnerandos minus cautos a callidis hominibus adhibita, qui veniunt in vestimentis ovium, intrinsecus autem sunt lupi rapaces.

§. 4. Sane severissimum illud jusjurandum, quo veteres Priscillianistas magna ex parte imitantes pollicentur, se nullo unquam tempore nullove casu vel patefacturos hominibus in societatem non adscriptis quidquam quod eam societatem respiciat, vel communicaturos cum iis, qui in gradibus inferioribus versantur aliquid quod ad gradus pertineat superiores; clandestina illa praeterea et illegitima conventicula, quae more a pluribus haereticis usurpato ipsi habent, et cooptatio hominum cujus-

Secte in ihre Gesellschaft zeigen hinreichend, wenn auch nichts anderes wäre, dass man ihren erwähnten Reden keinen Glauben schenken dürfe.

§. 5. Aber es bedarf keiner Conjecturen und Argumente, um so über ihre Reden zu urtheilen, wie weiter oben angezeigt ist. Die von ihnen im Druck herausgegebenen Bücher, in welchen die Art und Weise beschrieben wird, die bei den Zusammenkünften besonders der höheren Grade angewendet zu werden pflegt, ihre Catechismen und Statuten und andere authentische und höchst glaubwürdige Documente, sowie auch die Zeugnisse derjenigen, welche, nachdem sie die Gesellschaft, der sie vorher angehangen, verlassen, ihre Irrthümer und Täuschungen den rechtmässigen Richtern geoffenbart haben, erklären offen, die Carbonari bezwecken hauptsächlich das, jedem eine grosse Freiheit zu ertheilen, sich die Religion, die er übt, nach seinem eigenen Verstande und nach seinen eigenen Ansichten zu bilden, und es kann kaum etwas Verderblicheres erdacht werden, als diese in die Religion eingeführte Gleichgiltigkeit. Ebenso profaniren und beflecken sie das Leiden Jesu Christi durch gewisse ruchlose Ceremonien. Sie verachten die Sacramente der Kirche (an deren Stelle sie andere neue, von ihnen höchst frevelhafter Weise, erfundene zu setzen scheinen) und die Geheimnisse der katholischen Religion, und trachten diesen apostolischen Stuhl umzustürzen, gegen welchen sie, weil in ihm immer der Principat des apostolischen Stuhles kräftig war, mit besonderem Hasse erfüllt sind und verderbliche, pestschwangere Umtriebe machen.

§. 6. Und nicht minder ruchlos ist, wie aus denselben Denkmalen erhellt, was die Gesellschaft der Carbonari über die Sitten lehrt, obwohl sie dreist sich rühmt, sie verlange von ihren Anhängern, dass sie die Liebe und jede Art von Tugenden pflegen und üben, und von jedem Laster sich

---

cumque religionis et sectae in suam societatem, etsi caetera deessent, satis persuadent nullam memoratis eorum dictis fidem habere oportere.

§. 5. Verum conjecturis et argumentis opus non est, ut ita de eorum dictis judicetur, quemadmodum superius indicatum est. Libri ab ipsis typis editi, quibus ratio describitur quae in conventibus superiorum praesertim graduum adhiberi solet, eorum catechismi et statuta aliaque authentica et ad fidem faciendam gravissima documenta, nec non eorum testimonia, qui cum eam societatem deseruissent cui antea adhaeserant, ejus errores et fraudes legitimis judicibus patefecerunt, aperte declarant, Carbonarios id praecipue spectare, ut magnam licentiam cuique dent, religionem, quam colat, proprio ingenio, et ex suis opinionibus sibi fingendi, indifferentia in religionem inducta, qua vix quidquam excogitari potest perniciosius, ut Jesu Christi passionem per nefarias quasdam suas ceremonias profanent, ac polluant; ut Ecclesiae sacramenta (quibus nova alia a se per summum scelus inventa substituere videntur), et ipsa religionis catholicae mysteria contemnant, utque Sedem hanc apostolicam evertant, in quam, quoniam in ea apostolicae cathedrae semper viguit principatus, singulari quodam odio afficiuntur, et pestifera quaeque, ac perniciosa moliuntur.

§. 6. Nec minus ut ex iisdem constat monumentis scelesta sunt quae Carbonariorum societas tradit de moribus praecepta, quamvis confidenter jactet se a suis sectatoribus exigere, ut charitatem ac omne virtutum genus excolant et exerceant, ac

sorgfältigst enthalten. Aber sie begünstigt in unverschämtester Weise die begierlichsten Lüste und lehrt, es sei erlaubt, diejenigen zu tödten, welche die obenerwähnten Eide über die Bewahrung des Geheimnisses nicht halten; und obwohl der Apostelfürst Petrus vorschreibt, dass die Christen jeder menschlichen Creatur um Gotteswillen unterthan sein sollen, sei es dem Könige als dem Höchsten, sei es den von ihm abgeordneten Statthaltern u. s. w., und der Apostel Paulus befiehlt, dass jede Seele den höheren Gewalten unterthan sein soll, lehrt doch diese Gesellschaft, es sei erlaubt, durch Erregung von Aufständen die Könige und die übrigen Herrscher, welche sie höchst beleidigender Weise da und dort Tyrannen zu nennen wagt,' ihrer Gewalt zu berauben.

§. 7. Dieses und Anderes sind die Lehren und Vorschriften dieser Gesellschaft, aus welchen in Italien jene kürzlich von den Carbonari verübten Frevel kommen, die den ehrbaren und frommen Leuten einen so schweren Kummer verursacht haben. Wir also, die Wir zu Wächtern des Hauses Israel, welches die h. Kirche ist, bestellt sind, und die Wir nach Unserem Hirtenamte vorsorgen müssen, dass die Uns von Gott anvertraute Heerde des Herrn keinen Schaden leide, erachten, Wir können in dieser so wichtigen Sache Uns nicht enthalten, die unreinen Bestrebungen dieser Leute im Zaume zu halten. Wir werden auch durch das Beispiel Clemens XII. und Benedicts XIV., Unserer Vorgänger seligen Andenkens, bewogen, deren einer am 28. April 1738 mit der Constitution: *„In eminenti,"* der andere am 18. Mai 1751 mit der Constitution *„Providas"* die geheimen Gesellschaften der Freimaurer, oder was immer für einen anderen Namen sie nach der Verschiedenheit der Länder und Sprachen tragen mochten, verdammt und verboten haben, und diese Gesell-

---

diligentissime ab omni vitio abstineant. Itaque libidinosis voluptatibus impudentissime ea favet, docet licere eos interficere qui datam de secreto, quod superius memoratum est, fidem non servaverint; et licet apostolorum princeps Petrus praecipiat, ut Christiani omni humanae creaturae propter Deum subjecti sint, sive regi quasi praecellenti, sive ducibus ab eo missis etc., jubeatque Paulus apostolus ut omnis anima potestatibus sublimioribus subdita sit, ea tamen societas docet integrum esse seditionibus excitatis reges caeterosque imperantes, quos per summam injuriam tyrannos passim appellare audet, sua potestate exspoliare.

§. 7. Haec aliaque hujus societatis dogmata et praecepta sunt; ex quibus ea extiterunt in Italia facinora nuper a Carbonariis commissa, quae adeo gravem honestis piisque hominibus moerorem attulerunt. Nos igitur, qui speculatores domus Israel, quae est sancta Ecclesia, constituti sumus et qui pro pastorali Nostro munere cavere debemus ne dominicus grex Nobis divinitus creditus ullum damnum patiatur, existimavimus in causa tam gravi non posse ab impuris horum hominum conatibus cohibendis abstinere. Exemplo etiam commovemur felicis recordationis Clementis XII. et Benedicti XIV. praecessorum Nostrorum, quorum alter quarto Calendas majas anni millesimi septingentesimi tricesimi octavi constitutione „In eminenti", alter decimo quinto Calendas junias anni millesimi septingentesimi quinquagesimi primi constitutione „Providas" damnarunt et prohibuerunt societates „dei liberi Muratori", seu „Francs Massons", aut alio quocumque nomine pro regionum et idiomatum varietate

sellschaft der Carbonari ist vielleicht als ein Ableger oder doch gewiss als eine Nachahmung jener Gesellschaft zu betrachten. Und obwohl Wir schon durch zwei von Unserem Staatssecretär vorgeschlagene Edicte diese Gesellschaft streng verboten haben, glauben Wir doch diesen Unseren erwähnten Vorgängern folgend schwere Strafen gegen diese Gesellschaft auf eine feierlichere Weise beschliessen zu müssen, zumal da die Carbonari hie und da bestreiten, dass sie in jenen beiden Constitutionen Clemens XII. und Benedicts XIV. begriffen und den in denselben ausgesprochenen Sentenzen und Strafen unterworfen seien.

§. 8. Nachdem Wir also die auserwählte Congregation Unserer ehrwürdigen Brüder der Cardinäle der heiligen römischen Kirche gehört und auf ihren Rath und auch aus eigenem Antriebe und aus gewisser Wissenschaft und mit Unserer reiflichen Ueberlegung und aus apostolischer Machtvollkommenheit die vorerwähnte Gesellschaft der Carbonari, oder wie sie sich sonst nennen mag, ihre Vereine, Zusammenkünfte, Versammlungen, Vereinigungen und Conventikel zu verdammen und zu verbieten, festgesetzt und beschlossen haben, verdammen und verbieten Wir sie durch Unsere gegenwärtige, für immer giltige Constitution.

§. 9. Darum gebieten wir allen und jedem Christgläubigen jedes Standes, Grades, Ranges, Ordens, Berufes, jeder Würde und jeden Vorranges, sowohl Laien als Clerikern, seien es Welt- oder Ordens-Clerikern, auch wenn sie einer besonderen Erwähnung und einzelnen ausdrücklichen Anführung würdig wären, strenge und kraft des h. Gehorsams, dass Keiner unter was immer für einem Vorwande oder Beschönigung es wage oder sich anmasse, die vorerwähnten Gesellschaften der Carbonari, oder wie sie sonst genannt werden

---

appellatas, quarum societatum fortasse propago, vel certe imitatis haec Carbonariorum societas existimanda est. Et quamvis jam duobus edictis per Nostrum status secretarium propositis hanc societatem graviter Nos prohibuerimus, memoratos tamen praedecessores Nostros sequentes, graves poenas in hanc societatem solemniori quidem ratione decernendas putamus, praesertim cum Carbonarii passim contendant se duabus illis Clementis XII. Benedicti XIV. constitutionibus non comprehendi, nec sententiis et poenis in illis latis subjici.

§. 8. Audita igitur selecta congregatione venerabilium fratrum Nostrorum S. R. E. cardinalium et de ejus consilio, ac etiam motu proprio et ex certa scientia, ac matura deliberatione Nostris, deque apostolicae potestatis plenitudine praedictam societatem Carbonariorum, aut alio quocumque nomine appellatam ejus coetus, conventus, collectiones, aggregationes, conventicula damnanda et prohibenda esse statuimus, decrevimus, prout praesenti Nostra perpetuo valitura constitutione damnamus et prohibemus.

§. 9. Quocirca omnibus et singulis Christifidelibus cujuscumque status, gradus, conditionis, ordinis, dignitatis, ac praeeminentiae, sive laicis, sive clericis, tam saecularibus, quam regularibus, etiam specifica et individua mentione et expressione dignis, districte et in virtute sanctae obedientiae praecipimus, ne quis sub quovis praetextu aut quaesito colore audeat vel praesumat praedictam societatem, Carbonariorum,

mögen, einzugehen, oder sie zu verbreiten, zu begünstigen und in ihren Palästen oder Häusern oder anderswo aufzunehmen und zu verbergen, sich in sie einschreiben und aufnehmen zu lassen oder ihnen beizuwohnen, oder Gelegenheit zu verschaffen, dass sie anderswo zusammenberufen werden, und ihnen in irgend etwas behilflich zu sein oder ihnen öffentlich oder im Verborgenen, direct oder indirect, selbst oder durch Andere irgenwie Rath, Beistand oder Begünstigung zu leihen, auch nicht Andere zu ermahnen, zu verleiten, aufzufordern oder zu verführen, sich in solche Gesellschaften einzuschreiben und aufnehmen zu lassen, oder ihnen beizuwohnen, oder sie auf irgend eine Weise zu begünstigen, sondern sie sollen von jenen Gesellschaften, Vereinen, Zusammenkünften, Versammlungen, Vereinigungen oder Conventikeln sich durchaus enthalten, bei Strafe der Excommunication, in welche Alle, die dem Obigen zuwider handeln, *ipso facto* und ohne irgend eine Erklärung verfallen sein sollen, und von welcher Keiner durch Jemand anders als durch Uns oder den jeweiligen römischen Papst, ausser wenn er sich in unmittelbarer Todesgefahr befindet, die Wohlthat der Absolution solle erlangen können.

§. 10. Wir gebieten überdiess Allen unter derselben Strafe der Uns und den römischen Päpsten, Unseren Nachfolgern, vorbehaltenen Excommunication, dass sie gehalten sein sollen, den Bischöfen oder den Anderen, die es angeht, alle jene, von denen sie wissen, dass sie dieser Gesellschaft beigetreten oder durch irgend eines der oben erwähnten Verbrechen sich befleckt haben, anzuzeigen.

§. 11. Endlich um jede Gefahr eines Irrthumes desto wirksamer zu beseitigen, verdammen und verbieten wir alle Katechismen und Bücher der sogenannten Carbonari, in welchen von den Carbonari beschrieben wird, was in

---

aut alias nuncupatum, inire, vel propagare, confovere, ac in suis aedibus seu domibus, vel alibi receptare atque occultare, illi et quicumque ejus gradui adscribi, aggregari, aut interesse, vel potestatem, seu commoditatem facere ut alicubi convocetur, eidem aliquid ministrare, seu alias consilium, auxilium, vel favorem palam, aut in occulto, directe aut indirecte, per se, vel per alios quoquomodo praestare, nec non alios hortari, inducere, provocare, ac suadere, ut hujusmodi societati, aut cuicumque ejusdem gradui adscribantur, annumerentur, aut intersint, vel ipsam quomodolibet juvent, ac foveant, sed omnino ab eadem societate, ejusque coetibus, conventibus, aggregationibus, seu conventiculis, prorsus abstinere se debeant, sub poena excommunicationis per omnes, ut supra, contrafacientes ipso facto absque ulla declaratione incurrenda, a qua nemo per quemquam, nisi per Nos, seu Romanum pontificem pro tempore existentem praeterquam in articulo mortis constitutus absolutionis beneficium valeat obtinere.

§. 10. Praecipimus praetera omnibus sub eadem excommunicationis poena Nobis et Romanis pontificibus successoribus Nostris reservata, ut teneantur denuntiare episcopis, vel caeteris, eos, quos noverint huic societati nomen dedisse vel aliquo ex iis criminibus quae commemorata sunt, se inquinasse.

§. 11. Postremo ut omne erroris periculum efficacius arceatur, damnamus et proscribimus omnes Carbonariorum, ut ajunt, catechismos et libros, quibus a Carbonariis describuntur quae in eorum conventibus geri solent; eorum etiam statuta,

ihren Zusammenkünften zu geschehen pflegt, und auch ihre Statuten, Gesetzbücher und alle zu ihrer Vertheidigung verfassten Bücher, mögen sie gedruckt oder geschrieben sein, und verbieten allen Gläubigen unter derselben Strafe der auf dieselbe Weise vorbehaltenen grösseren Excommunication die erwähnten Bücher oder eines derselben zu lesen oder zu behalten, und Wir befehlen, dass sie dieselben entweder den Ortsordinarien oder anderen, welchen das Recht zusteht, dieselben zu übernehmen, durchaus übergeben sollen.

§. 12. Wir wollen aber, dass den Abschriften des Gegenwärtigen, auch den gedruckten, wenn sie von der Hand eines öffentlichen Notars unterschrieben und mit dem Siegel einer, in einer kirchlichen Würde stehenden Person versehen sind, derselbe Glaube beigemessen werde, welcher diesem Unseren Originalschreiben beizumessen wäre, wenn es ausgehoben oder vorgezeigt würde.

§. 13. Es soll also keinem Menschen erlaubt sein, dieses Blatt Unserer Erklärung, Verdammung, Befehls, Verbots und Interdicts zu brechen, oder ihm mit verwegenem Unterfangen entgegen zu handeln. Wenn aber Jemand sich anmassen sollte, das zu versuchen, der wisse, dass er dem Zorne des allmächtigen Gottes und seiner heiligen Apostel Petrus und Paulus verfallen wird.

Gegeben zu Rom bei Maria Maggiore im Jahre der Menschwerdung des Herrn Eintausend acht Hundert einundzwanzig, am dreizehnten September, Unseres Pontificats im zweiundzwanzigsten Jahre.

---

codices, ac liberos omnes, ad eorum defensionem exaratos, sive typis editos sive manuscriptos; et quibuscumque fidelibus sub eadem poena majoris excommunicationis eodem modo reservatae prohibemus memoratos libros, vel eorum aliquem legere, aut retinere; ac mandamus ut illos vel locorum ordinariis vel aliis ad quos eosdem recipiendi jus pertinet, omnino tradant.

§. 12. Volumus autem quod praesentium litterarum Nostrarum transumptis etiam impressis, manu alicujus notarii publici subscriptis, et sigillo personae in dignitate ecclesiastica constitutae munitis, eadem fides prorsus adhibeatur quae ipsis originalibus litteris adhiberetur, si forent exhibitae vel ostensae.

§. 13. Nulli ergo hominum liceat hanc paginam Nostrae declarationis, damnationis, mandati, prohibitionis et interdictionis infringere, aut ei ausu temerario contraire. Si quis autem hoc attentare praesumpserit, indignationem omnipotentis Dei, ac beatorum Petri et Pauli apostolorum ejus se noverit incursurum.

Datum Romae apud Mariam Majorem anno incarnationis Dominicae millesimo octingentesimo vicesimo primo, idibus septembris, pontificatus Nostri anno vicesimo secundo.

V.

Pius VII., welcher in seinem langen leidensvollen Pontificat den bittern Kelch, den die Wirksamkeit der geheimen Gesellschaften ihm reichte, bis auf die Hefe geleert hatte, ehe es ihm vergönnt war, nach Rom und auf seinen Thron zurückzukehren, beginnt im Hinblick auf die schmerzlichen Erfahrungen, die er an seiner eigenen Person hatte machen müssen, die voranstehende Constitution mit der schärfsten Anklage, welche seither noch gegen die geheimen Gesellschaften geschleudert wurde; er heisst sie: „Betrüger, die nach ihren Gelüsten in Gottlosigkeit wandeln, ruchlose Menschen, die sich zusammengerottet haben, gegen den Herrn und gegen seinen Gesalbten und welche hauptsächlich darauf ausgehen, die Gläubigen durch die Philosophie und durch eiteln Trug zu täuschen und von der Lehre der Kirche abwendig zu machen, um dann die Kirche selbst zu erschüttern und zu stürzen." Sodann erinnert er an die Warnungen seiner Vorgänger vor dem Treiben der geheimen Gesellschaften, von welchem sie den Schleier wegzogen, und beklagt es, dass diesen Bemühungen des apostolischen Stuhles der beabsichtigte Erfolg nicht zu Theil wurde und dass sogar neue geheime Gesellschaften gegründet worden seien. Hierauf wendet er sich speciell gegen die Gesellschaft der Carbonari, welche obwohl unter verschiedenen Namen doch durch die Gemeinschaft der Grundsätze und der Frevel nur Eine sei. Während aber die früheren geheimen Gesellschaften aus ihrem religiösen Indifferentismus kein Hehl machten, fügen die Carbonari zur Gottlosigkeit die Heuchelei, und heucheln, wie Pius VII. sagt, eine besondere Achtung und einen wundersamen Eifer für die katholische Religion und für die Person und Lehre Jesu Christi. Aber Pius VII. reisst ihnen die Larve weg, indem er auf den strengen Eid hinweist, mit welchem sie die Bewahrung des Geheimnisses geloben müssen und auf die Aufnahme von Leuten jeder Religion und Secte in ihre Gesellschaften. Es kehrt also hier der alte Vorwurf wieder, welchen die Kirche schon den Freimaurern machen musste und welcher die innige Verwandtschaft zwischen

ihnen und den Carbonari beweist. Aber Pius VII. ist in seiner Constitution auch in der Lage, noch andere authentische Beweise für seine Anklage vorführen und sich auf die Katechismen und Statuten und andere authentische und höchst glaubwürdige Documente berufen zu können, um den Beweis zu führen, dass die Carbonari hauptsächlich das bezwecken, „jedem eine grosse Freiheit zu ertheilen, sich die Religion, die er übt, nach seinem eigenen Verstande und nach seinen eigenen Ansichten zu bilden.

Und was, ruft Pius VII. hier aus, kann Verderblicheres erdacht werden, als diese in die Religion eingeführte Gleichgiltigkeit? Der Papst wirft den Carbonari weiter Profanirung des Leidens Christi und der Sacramente der Kirche vor und erhebt gegen sie die durch die Thatsachen nur zu sehr gerechtfertigte Beschuldigung, dass sie den heiligen Stuhl umzustürzen trachten. Zu diesen Anklagen, welche der Papst in der Ordnung des Glaubens gegen die geheimen Gesellschaften richtet, kommen weitere Anklagen in der Ordnung der Moral. Ihrer heuchlerischen Versicherung, sie verlangen von ihren Anhängern, dass sie die Liebe und jede Art von Tugend pflegen und üben, und von jedem Laster sich sorgfältig enthalten, hält der Papst die Thatsache entgegen, dass sie lehren, es sei erlaubt, diejenigen zu tödten, welche den der Gesellschaft geleisteten Eid nicht halten, und dass sie den Aufruhr und die Empörung gegen die rechtmässige Obrigkeit predigen und die gewaltsame Vertreibung der Fürsten für erlaubt erklären. Jeder, der die Geschichte der letzten fünfzig Jahre und namentlich die Geschichte unserer Tage kennt, kann als Zeuge für die Wahrheit der Beschuldigung eintreten, welche der Papst hier gegen die geheimen Gesellschaften schleudert.

Nachdem Pius VII. so seine Anklage gegen die Carbonari und andere mit ihnen nach Geist und Streben verwandte geheime Gesellschaften begründet und sie als Ableger oder doch gewiss als eine Nachahmung der von seinen Vorgängern verdammten Gesellschaft der Freimaurer bezeichnet hat, erneuert er, nachdem er schon früher durch zwei von seinem Staatssecretär vorgeschlagene Edicte die erwähnte Gesellschaft streng verboten hatte, das feierliche Verdammungsurtheil seiner Vorgänger.

Sowie schon früher die Freimaurer nach dem Tode Clemens XII. zu dem Kunstgriff ihre Zuflucht nahmen, die Rechtsbeständigkeit der von ihm gegen sie erlassenen Constitution zu leugnen, weil sein Nachfolger sie nicht ausdrücklich bestätigt habe, so bedienten sich die Carbonari zur Täuschung argloser Seelen eines ähnlichen Kunstgriffes und behaupteten, sie seien in den Constitutionen Clemens XII. und Benedicts XIV. nicht einbegriffen, und den in denselben ausgesprochenen Sentenzen und Strafen nicht unterworfen. Um den Carbonari diesen Vorwand zu rauben, verhängt Pius VII. fast mit denselben Worten wie seine Vorgänger den grossen Kirchenbann über sie und verdammt noch insbesondere alle ihre Katechismen und Bücher und verbietet

ebenfalls bei der Strafe der grösseren Excommunication, dieselben zu lesen oder bei sich zu behalten.

Die Geschichte der geheimen Gesellschaften ist ein wahres *argumentum ad hominem* gegen diejenigen, welche der schwärmerischen Ansicht huldigen, dass die Macht der Wahrheit und des Guten keiner materiellen Unterstützung bedürfe, sondern für sich allein genüge, um den Irrthum und das Böse in der Welt zu besiegen. Denn obwohl der heilige Stuhl nach Pflicht und Gewissen die Stimme der Wahrheit gegen sie erhob und obwohl selbst die materielle Gewalt theilweise gegen sie einschritt, erstarkten doch die geheimen Gesellschaften durch die ihnen innewohnende Macht des Bösen, welche in dem Maasse in der Welt überhand nimmt, als die Individuen und die Gesellschaft von den Geboten des Herrn abirren, als das Wort Gottes aufhört, eine Leuchte ihren Füssen und ein Licht ihren Pfaden zu sein, als sie das Gesetz Gottes vergessen, immer mehr, und umspannten allmälig die ganze Welt mit ihrem gottlosen Netze, vergifteten alle Schichten der Gesellschaft und namentlich die Herzen der Jugend und richteten gegen den majestätischen Bau der Kirche das teuflische Gebäude einer allgemeinen Weltverschwörung auf.

VI.

Schon vier Jahre nach der oben mitgetheilten Constitution Pius VII. sah sich dessen grosser Nachfolger Leo XII. genöthigt, ein neues Verdammungsurtheil gegen die geheimen Gesellschaften zu erlassen, neue Anklagen gegen sie zu erheben, neue Fortschritte derselben zu constatiren. Er that dies in der feierlichsten Weise, indem er gleichzeitig die Constitutionen seiner Vorgänger Clemens XII., Benedicts XIV. und Pius VII. nach ihrem vollen Wortlaute in seine Constitution aufnahm. Das Actenstück, jedenfalls eines der denkwürdigsten und einschneidendsten, welche je gegen die geheimen Gesellschaften erlassen wurden, lautet:

Constitution Leo XII. gegen die geheimen Gesellschaften.*)

Leo Bischof,
Knecht der Knechte Gottes, zum immerwährenden Andenken.

§. 1. Je schwerere Uebel der Heerde Christi unseres Gottes und Erlösers drohen, um so grössere Sorgfalt müssen die Römischen Päpste, welchen im heiligen Apostelfürsten Petrus die Gewalt und die Aufgabe übertragen worden ist, sie zu weiden und zu regieren, zur Fernehaltung derselben von ihr anwenden. Es ist nämlich ihre Aufgabe, da sie auf die höchste Warte der Kirche gestellt sind, von ferneher die Nachstellungen zu erschauen,

---

*) *Constitutio Leonis XII. contra secretas societates.*
Leo Episcopus, -
Servus Servorum Dei. Ad perpetuam rei memoriam.
§. 1. *Quo graviora mala Christi Dei et servatoris Nostri gregi imminent, eo majorem sollicitudinem in iis arcendis adhibere debent Romani Pontifices, quibus in beato Petro Apostolorum principe illius pascendi et regendi potestas et cura commissa est. Pertinet enim ad eos, quippe qui in suprema Ecclesiae specula positi sint, longius prospicere insidias, quas christiani nominis hostes moliuntur ad Christi Ecclesiam*

welche die Feinde des christlichen Namens zur Ausrottung der Kirche Christi (die sie aber niemals erreichen werden) im Schilde führen und dieselben sowohl den Gläubigen anzuzeigen und aufzudecken, damit sie sich vor ihnen hüten, als auch durch ihre Autorität abzuwenden und zu beseitigen. Dieses hochwichtige, ihnen übertragene Amt erkennend, haben Unsere Vorgänger, die römischen Päpste, beständig mit der Wachsamkeit der guten Hirten gewacht, und durch Ermahnungen, Lehren, Dekrete, ja durch die Hingabe ihres Lebens für ihre Schafe für das Verbot und die gänzliche Zerstörung der Secten, welche auf den völligen Untergang der Kirche hinarbeiten, Sorge getragen. Und nicht nur aus den alten Jahrbüchern der Kirche allein kann das Andenken an diese päpstliche Sorgfalt erhoben werden. Was zu Unserer und Unserer Väter Zeit von den römischen Päpsten geschehen ist, um den heimlichen Secten der gegen Christus bösartig auftretenden Menschen entgegenzutreten, beweist das deutlich, denn als Clemens XII., Unser Vorgänger, sah, dass die Secte der Freimaurer, oder wie sie sonst genannt wurde, von Tag zu Tag mehr erstarke und neue Festigkeit erlange, während er aus vielen Argumenten gewiss wusste, dass sie nicht nur verdächtig, sondern auch der katholischen Kirche durchaus feindselig sei, verdammte er sie durch die berühmte Constitution, welche mit den Worten: „*In eminenti*" beginnt, vom 28. April Eintausend siebenhundert dreissig und acht.

§. 2. (Hier folgt der Wortlaut der Constitution „*In eminenti.*")

§. 3. Das war aber Unserem Vorgänger Benedict XIV. sel. Andenkens nicht genug. Es wurde nämlich allenthalben vielfach ausgestreut, die in dem Schreiben des längstverstorbenen Papstes Clemens ausgesprochene Strafe der

---

(*quod tamen nunquam assequentur*) *exterminandam, easque tum fidelibus indicare et aperire, ut ab iis caveant, tum auctoritate sua avertere et amoliri. Gravissimum hoc munus sibi impositum intelligentes Romani Pontifices praedecessores Nostri vigilias boni pastoris perpetuo vigilarunt et adhortationibus, doctrinis, decretis, ipsaque anima data pro ovibus suis sectas extremum Ecclesiae exitium minitantes prohibendas et penitus delendas curarunt. Nec ex annalium ecclesiasticorum vetustate tantum erui potest pontificiae hujus sollicitudinis memoria. Quae Nostra et patruum Nostrorum aetate gesta sunt a Romanis Pontificibus, ut clandestinis hominum adversus Christum malignantium sectis se objicerent, id perspicue evincunt. Ubi enim Clemens XII. praedecessor Noster vidit in dies invalescere, novamque firmitatem acquirere sectam de' Liberi Muratori sive des Francs Massons, sive aliter appellatam, quam non modo suspectam, verum etiam omnino Catholicae Ecclesiae inimicam multis argumentis certo noverat, eam damnavit luculenta constitutione cui initium „In eminenti" edita quarto Calendas majas anno millesimo septingentesimo trigesimo octavo, cujus tenor is est, qui subjicitur.*

§. 2. (*Sequitur Constitutio Clementis XII.*)

§. 3. *Haec tamen recolendae memoriae Benedicto XIV. itidem praedecessori Nostro satis non fuerunt. Percrebuerat enim sermonibus permultorum, latam in Clementis dudum mortui litteris excommunicationis poenam jam evanuisse, quod*

Excommunication sei schon wirkungslos geworden, weil Benedict jenes Schreiben nicht ausdrücklich bestätigt habe. Es war wahrlich abgeschmackt zu behaupten, die Gesetze der Päpste veralten, wenn sie von ihren Nachfolgern nicht ausdrücklich bestätigt werden, und ausserdem war es offenkundig, dass Benedict die Constitution des Papstes Clemens wiederholt gut geheissen habe. Aber Benedict erachtete auch diese Ausrede den Händen der Sectirer zu entwinden durch die Erlassung der neuen Constitution, welche mit den Worten: „*Providas*" beginnt, vom 18. März Eintausend siebenhundert einundfünfzig, in welcher er die Constitution des Papstes Clemens Wort für Wort mittheilt, und sie in sogenannter specifischer Form, welche als die umfassendste und wirksamste von allen gilt, bestätigt.

§. 4. (Hier folgt die Constitution Benedict's XIV.)

§. 5. Hätten doch diejenigen, welche damals an der Spitze der Regierung standen, so viel Gewicht auf jene Decrete gelegt, als das Wohl der Kirche und des Staates erheischt hätte. Hätten sie sich doch zu überzeugen vermocht, dass sie in den römischen Päpsten, den Nachfolgern des heiligen Petrus, nicht blos die Hirten und die Lehrmeister der ganzen Kirche, sondern auch die strengen Vertheidiger ihrer Würde und die sorgfältigsten Anzeiger der drohenden Gefahren erblicken. Hätten sie doch ihre Gewalt gebraucht, um die Secten zu vernichten, deren pestbringende Anschläge ihnen vom Apostolischen Stuhle bekanntgegeben worden waren. Dann hätten sie schon damals der Sache vollkommen ein Ende gemacht. Aber da sie, sei es durch die ihre Sache listig verbergenden Sectirer betrogen, sei es durch das unkluge Zureden gewisser Leute bewogen, diese Angelegenheit

---

Benedictus eas litteras diserte non confirmasset. Erat profecto absurdum contendere superiorum Pontificum leges obsolescere, nisi a successoribus expresse approbentur, et praeterea manifeste patebat a Benedicto saepius Clementis constitutionem ratam habitam fuisse. Attamen hanc etiam cavillationem de sectariorum manibus extorquendam judicavit Benedictus edita nova constitutione cujus initium „Providas" decimo quinto Calendas aprilis anno millesimo septingentesimo quinquagesimo primo qua Clementis constitutionem totidem verbis relatam in forma, ut ajunt specifica, quae omnium amplissima et efficacissima habetur, confirmavit. Talis vero est Benedicti constitutio.

§. 4. (Sequitur Constitutio Benedicti XIV.)

§. 5. Utinam qui rerum tunc potiebantur, tanti haec decreta fecissent, quanti tum Ecclesiae tum reipublicae salus postulabat. Utinam sibi persuasissent, in Romanis Pontificibus beati Petri successoribus non modo Ecclesiae universae pastores, et magistros, sed etiam strenuos eorum dignitatis defensores et diligentissimos periculorum, quae imminent, indices suspicere se debere. Utinam potestate illa sua usi essent ad sectas convellendas, quarum pestifera consilia iis a Sede Apostolica fuerant patefacta. Jam ab eo tempore rem plane confecissent. At cum, sive sectariorum fraude res suas callide occultantium, sive imprudentibus nonnullorum suasionibus causam hanc negligendam vel saltem levissime tractandam judicaverint, ex veteribus illis Massonicis sectis, quae nunquam friguerunt, aliae complures exortae sunt multo illis

vernachlässigen oder wenigstens mit grossem Leichtsinn behandeln zu dürfen erachteten, entstanden aus jenen alten maurerischen Secten, welche niemals erloschen, viele andere, noch viel schlechtere und verwegenere als jene. Diese alle schien die Secte der Carbonari, welche als die vornehmste der übrigen in Italien und einigen anderen Ländern galt, gleichsam in ihrem Schosse zu umfassen und sie übernahm es, in verschiedene selbst durch den Namen unterschiedene Zweige abgetheilt, die katholische Religion und jede rechtmässige oberste weltliche Gewalt auf das Erbittertste zu bekämpfen. Um Italien und einige andere Länder, ja selbst das päpstliche Gebiet (in welches, während die päpstliche Regierung eine zeitlang gehemmt war, dieselbe mit den fremden Leuten, die in den Kirchenstaat eindrangen, sich eingeschlichen hatte) von dieser Calamität zu befreien, hat Pius VII. sel. Andenkens, dessen Nachfolger Wir sind, die Secte der Carbonari mit was immer für einem Namen sie nach der Verschiedenheit des Ortes, der Sprache und der Menschen benannt werden mag, mit den schwersten Strafen verdammt durch die am 13. September Eintausend achthundert einundzwanzig erlassene Constitution, welche mit den Worten beginnt: „*Ecclesiam a Jesu Christo*." Wir haben eine Abschrift davon auch in diesem Unserem Schreiben einzuschalten erachtet.

§. 6. (Hier folgt die Constitution Pius VII.)

§. 7. Nicht lange nachdem diese Constitution von Pius VII. erlassen worden war, sind Wir ohne Unser Verdienst auf den höchsten Stuhl des heiligen Petrus erhoben worden, und haben sofort all Unser Augenmerk darauf gerichtet, zu entdecken, welches der Stand, welches die Zahl, welches die Macht der geheimen Secten sei. Bei dieser Untersuchung haben Wir leicht erkannt, dass ihr Uebermuth hauptsächlich wegen ihrer durch neue Secten vermehrten Menge gewachsen sei. Unter ihnen ist namentlich

---

deteriores et audaciores. Has omnes veluti sinu suo complecti visa est Carbonariorum secta, quae caeterarum princeps in Italia, aliisque nonnullis in regionibus habebatur, et in varios veluti ramos divisa nomine tenus diversos, acerrime Catholicam religionem, et supremam quamque civilem legitimam potestatem impugnandam suscepit. Qua calamitate ut Italiam, aliasque regiones, imo et ipsam Pontificiam ditionem (in quam, impedito tantisper Pontificio regimine illa irrepserat una cum exteris hominibus ejus invasoribus) liberaret felicis recordationis Pius VII cui Nos suffecti sumus, Carbonariorum sectam, quocumque tandem nomine pro locorum, idiomatum, et hominum diversitate appellaretur, gravissimis poenis damnavit edita Idibus septembribus anno millesimo octingentesimo vicesimo primo constitutione, cujus initium „Ecclesiam a Jesu Christo". Hujus etiam exemplum Nostris hisce litteris inserendum esse censuimus, quod est ejusmodi.

§. 6. (Sequitur Constitutio Pii VII.)

§. 7. Non multo post editam hanc a Pio VII constitutionem ad supremam beati Petri cathedram nullis Nostris meritis evecti Nos fuimus; et continuo omnem Nostram operam convertimus ad detegendum, quis esset clandestinarum sectarum status, quis numerus, quae potentia. Haec inquirentes facile intelleximus crevisse illarum insolentiam praecipue ob earum multitudinem novis sectis auctam.

jene zu erwähnen, welche „Universitäts-Gesellschaft" genannt wird, weil sie ihren Sitz und ihren Wohnort an mehreren Universitäten hat, an denen die jungen Leute von gewissen Lehrern, die sie nicht zu lehren, sondern zu verderben streben, in ihre Geheimnisse, welche wahrhaft Geheimnisse der Bosheit genannt werden müssen, eingeweiht und zu jedem Frevel angeleitet werden.

§. 8. Daher kommt es aber, dass ihre ruchlosen Umtriebe selbst nach so langer Zeit, seit die Fackeln des Aufruhrs zum erstenmal von den geheimen Secten durch ihre Anhänger in Europa entflammt worden waren, und nachdem die mächtigsten Fürsten Europas die herrlichsten Siege erfochten hatten, durch welche man die Unterdrückung der Secten hoffte, noch immer kein Ende nahmen. Denn welche Furcht vor neuen Wirren und Aufständen, auf welche jene Secten beständig hinarbeiten, herrscht gerade in jenen Ländern, in welchen die früheren Stürme sich gelegt zu haben scheinen! Welcher Schrecken herrscht vor den gottlosen Dolchen, mit denen sie die Leiber derjenigen durchbohren, die sie zum Tode bestimmt haben! Wie viele und wie ernste Beschlüsse sind diejenigen, die denselben mit Macht vorstehen, selbst wider ihren Willen zu fassen gezwungen, um die öffentliche Ruhe zu schützen.

§. 9. Daher kommen auch jene höchst bittern Calamitäten, von welchen die Kirche fast überall gequält wird, und die Wir ohne Schmerz, ja ohne Kummer nicht erwähnen können. Man bekämpft in unverschämtester Weise ihre hochheiligen Dogmen und Gebote; ihre Würde wird geschmälert und

---

Ex quibus ea praesertim memoranda est, quae „Universitaria" dicitur, quod sedem et domicilium in pluribus studiorum universitatibus habeat, in quibus juvenes a nonnullis magistris qui eos non docere, sed pervertere student, ejusdem mysteriis quae iniquitatis mysteria verissime appellari debent, initiantur, et ad omne scelus informantur.

§. 8. Inde vero existit, quod tanto etiam post tempore quo primum perduellionis faces in Europa a sectis clandestinis per consectaneos suos inflammatae, et elatae sunt, et post reportatas a potentissimis Europae principibus praeclarissimas victorias, quibus illae comprimendae sperabantur, nondum tamen nefarii earum conatus finem habuerunt. In illis enim ipsis rigionibus, in quibus pristinae tempestates conquievisse videntur, qui metus est novarum turbarum et seditionum, quas illae sectae perpetuo moliuntur. Quae impiarum formido sicarum, quas in eorum corporibus clam defigunt, quos ad mortem designarunt? Quot et quam gravia non raro decernere vel inviti coguntur, qui iisdem cum potestate praesunt, ut publicam tranquillitatem tueantur?

§. 9. Inde etiam existunt acerbissimae calamitates, quibus Ecclesia fere ubique vexatur, et quas sine dolore, imo sine moerore commemorare non possumus. Impugnantur impudentissime sanctissima ejus dogmata et praecepta; ejus dignitas exte-

jener Friede und jene Wohlfahrt, welche sie von Rechtswegen geniessen müsste, wird nicht nur gestört, sondern durchaus vernichtet.

§. 10. Und man darf nicht denken, dass Wir alle diese und andere Uebel, welche Wir mit Stillschweigen übergangen haben, diesen geheimen Gesellschaften fälschlich und verläumderisch zuschreiben. Die Bücher, welche diejenigen, die in diese Secten eingetreten sind, über die Religion und über den Staat zu schreiben kein Bedenken trugen, und in welchen sie die Obrigkeit verachten, die Majestät lästern, das Christenthum aber ein Aergerniss oder eine Thorheit nennen, ja nicht selten lehren, es gebe keinen Gott und die Seele des Menschen werde gleichzeitig mit dem Körper vernichtet; ihre Gesetzbücher und Statuten, in welchen sie ihre Absichten und Einrichtungen erklären, thun offen dar, dass Alles, was Wir schon erwähnt haben und was auf die Erschütterung der rechtmässigen Gewalten und auf die gänzliche Vernichtung der Kirche abzielt, von ihnen ausgehe. Und es ist als gewiss und bewiesen anzunehmen, dass diese Secten, wenn auch ihrem Namen nach verschieden, doch durch ein ruchloses Band der unreinsten Anschläge untereinander verbunden sind.

§. 11. Da diess dem also ist, erachten Wir es Unseres Amtes, diese geheimen Gesellschaften neuerdings zu verdammen und zwar so, dass keine aus ihnen sich rühmen kann, sie sei in Unserer apostolischen Sentenz nicht einbegriffen, und unter diesem Vorwande unvorsichtige und minder scharfsichtige Leute in Irrthum führen könnte; darum verbieten Wir immer nach Anhörung Unserer ehrwürdigen Brüder, der Cardinäle der heiligen Römischen Kirche, und auch aus eigenem Antrieb und mit gewisser Wissenschaft und Unserer reiflichen Ueberlegung alle geheimen Gesellschaften, sowohl diejenigen,

---

nuatur; et pax illa, et felicitas qua suo quodam jure frui deberet, non perturbatur modo, sed omnino evertitur.

§. 10. Nec putandum est, omnia haec mala, aliaque, quae praetermissa a Nobis sunt, clandestinis his sectis perperam et per calumniam adscribi. Libri, quos de religione et republica scribere non dubitarunt, qui his sectis nomen dederunt, quibus dominationem spernunt, majestatem blasphemant, Christum autem vel scandalum, vel stultitiam dictitant; imo non raro nullum esse Deum, et hominis animam una cum corpore interire docent: codices et statuta, quibus sua consilia et instituta explicant, aperte declarant cuncta, quae jam memoravimus, et quae ad legitimos principatus labefactandos et Ecclesiam funditus delendam spectant, ab iis proficisci. Atque hoc veluti certum exploratumque habendum est, has sectas licet nomine diversas, nefario tamen impurissimorum consiliorum vinculo esse inter se conjunctas.

§. 11. Quae cum ita sint, Nos muneris Nostri censemus, iterum clandestinas has sectas condemnare, atque ita quidem, ut nulla ex iis jactare possit, se Apostolica sententia Nostra non comprehendi, atque hoc praetextu homines incautos et minus acutos in errorem inducat. Itaque de consilio venerabilium fratrum Nostrorum sanctae Romanae Ecclesiae Cardinalium, et etiam motu proprio et certa scientia, ac matura deliberatione Nostris societates occultas omnes tam quae nunc sunt, quam quae

welche jetzt bestehen, als diejenigen, welche vielleicht künftig hervorbrechen werden, und welche sich das gegen die Kirche und gegen die höchsten bürgerlichen Gewalten zum Zwecke setzen, was Wir oben erwähnt haben, mit was immer für einem Namen sie sich nennen mögen, unter denselben Strafen, welche in den in dieser Unserer Constitution bereits angeführten Schreiben enthalten sind, und welche Wir ausdrücklich bestätigen.

§. 12. Darum gebieten Wir allen und jedem Christgläubigen jeden Standes, Grades, Ranges, Ordens, Berufes, jeder Würde und jeden Vorranges, sowohl Laien als Clerikern, seien es Welt- oder Ordenscleriker, auch wenn sie einer besonderen Erwähnung und einzelner ausdrücklicher Anführung würdig wären, strenge und kraft des heiligen Gehorsams, dass Keiner, unter was immer für einem Vorwande oder Beschönigung es wage oder sich anmasse, die vorerwähnten Gesellschaften der Carbonari oder wie sie sonst genannt werden mögen, einzugehen oder sie zu verbreiten, zu begünstigen und in ihren Palästen oder Häusern oder anderswo aufzunehmen und zu verbergen, sich in sie einschreiben und aufnehmen zu lassen, oder ihnen beizuwohnen oder Gelegenheit zu verschaffen, dass sie anderswo zusammenberufen werden, und ihnen in irgend etwas behilflich zu sein oder ihnen öffentlich oder im Verborgenen, direct oder indirect, selbst oder durch Andere irgendwie Rath, Beistand oder Begünstigung zu leihen, auch nicht Andere zu ermahnen, zu verleiten, aufzufordern oder zu verführen, sich in solche Gesellschaften einschreiben und aufnehmen zu lassen oder ihnen beizuwohnen, oder sie auf irgend eine Weise zu begünstigen, sondern sie sollen von jenen Gesellschaften, Vereinen, Zusammenkünften, Versammlungen, Vereinigungen oder Conventikeln sich durchaus enthalten bei Strafe der Excommunication, in welche

---

fortasse deinceps erumpent, et quae ea sibi adversus Ecclesiam et supremas civiles potestates proponunt, quae superius commemoravimus, quocumque tandem nomine appellentur, Nos perpetuo prohibemus sub eisdem poenis, quae continentur in praedecessorum Nostrorum litteris in hac Nostra constitutione jam allatis, quas expresse confirmamus.

§. 12. Quocirca omnibus et singulis Christifidelibus cujuscumque status, gradus, conditionis, ordinis, dignitatis, ac praeeminentiae, sive laicis, sive clericis, tam saecularibus, quam regularibus etiam specifica, et individua mentione et expressione dignis, districte et in virtute sanctae obedientiae praecipimus, ne quis sub quovis praetextu, aut quaesito colore audeat vel praesumat praedictas societates, quocumque nomine appellentur, inire, vel propagare, confovere, ac in suis aedibus seu domibus vel alibi receptare, atque occultare, illis et cuicumque earumdem gradui adscribi, aggregari, aut interesse, vel potestatem, seu commoditatem facere, ut alicubi convocentur, iisdem aliquid ministrare, seu alias consilium, auxilium, vel favorem palam, aut in occulto, directe, aut indirecte, per se, vel per alios quoquomodo praestare, nec non alios hortari, inducere, provocare, ac suadere, ut hujusmodi societatibus aut cuicumque earumdem gradui adscribantur, annumerentur, aut intersint, vel ipsas quomodolibet juvent ac foveant, sed omnino ab iisdem societatibus, earum coetibus, conventibus, aggregationibus, seu conventiculis prorsus abstinere se debeant sub poena

Alle, die dem Obigen zuwiderhandeln *ipso facto* und ohne irgend eine Erklärung verfallen sein sollen, und von welcher Keiner durch Jemand anders als durch Uns oder den jeweiligen römischen Papst, ausser wenn er sich in unmittelbarer Todesgefahr befindet, die Wohlthat der Absolution solle erlangen können.

§. 13. Wir gebieten überdies Allen unter derselben Strafe der Uns und den römischen Päpsten Unseren Nachfolgern vorbehaltenen Excommunication, dass sie gehalten sein sollen, den Bischöfen oder den anderen, die es angeht, alle Jene, von denen sie wissen, dass sie dieser Gesellschaft beigetreten sind oder durch irgend ein obenerwähntes Verbrechen sich befleckt haben, anzuzeigen.

§. 14. Besonders aber jenen ganz gottlosen und verruchten Eid, durch welchen diejenigen, die in diese Secte aufgenommen werden, sich verpflichten, Niemanden etwas zu offenbaren, was jene Secten betrifft und alle diejenigen Genossen mit dem Tode zu bestrafen, welche solches den geistlichen oder weltlichen Oberen offenbaren, verdammen Wir durchaus und erklären ihn für ganz ungiltig. Wie denn! ist es nicht ein Frevel, einen Eid, welcher unrechtmässiger Weise geleistet werden muss, als ein Band zu betrachten, durch welches Jemand sich zum ungerechten Morde und zur Verachtung der Autorität derjenigen verpflichtet, welche, da sie die Kirche oder die rechtmässige bürgerliche Gesellschaft leiten, das Recht haben von demjenigen in Kenntniss zu sein, worauf das Heil derselben beruht? Ist es nicht höchst frevelhaft und höchst unwürdig, Gott selbst zum Zeugen und Bürgen von Freveln anzurufen? Mit Recht sagen die Väter des dritten lateranensischen Concils im Canon 3: „denn keine Eide, sondern vielmehr Meineide

---

excommunicationis per omnes ut supra contrafacientes eo ipso absque ulla declaratione incurrenda, a qua nemo per quemquam, nisi per Nos, seu Romanum Pontificem pro tempore existentem, praeterquam in articulo mortis constitutus, absolutionis beneficium valeat obtinere.

§. 13. Praecipimus praeterea omnibus sub eadem excommunicationis poena Nobis et Romanis Pontificibus successoribus Nostris reservata, ut teneantur denuntiare episcopis vel caeteris, ad quos spectat, eos omnes, quos noverint his societatibus nomen dedisse, vel aliquo ex iis criminibus, quae modo commemorata sunt, se inquinasse.

§. 14. Praecipue vero jusjurandum illud impium plane, ac scelestum, quo se obstringunt, qui in has sectas cooptantur, nemini patefacturos, quae ad illas sectas pertinent, et morte mulctaturos eos omnes sodales, qui ea superioribus sive ecclesiasticis, sive laicis patefaciunt, omnino damnamus, et plane irritum declaramus. Quid enim? Nonne nefas est, jusjurandum quod injustitia pronunciandum est, veluti vinculum habere, quo quis se ad injustam caedem obliget, et ad eorum contemnendam auctoritatem, qui cum vel Ecclesiam, vel legitimam civilem societatem moderantur, jus habent ea cognoscendi, quibus illarum salus continetur? Nonne iniquissimum et indignissimum est, Deum ipsum veluti scelerum testem et fidejussorem appellare? Rectissime patres concilii Lateranensis III inquiunt can. 3. „Non enim dicenda

sind jene Schwüre zu nennen, welche gegen den Nutzen der Kirche und
gegen die Einrichtungen der heiligen Väter sind." Und unerträglich ist die
Unverschämtheit oder der Wahnsinn derjenigen unter diesen Leuten, welche,
während sie nicht nur in ihren Herzen, sondern auch öffentlich und vor
den Leuten sagen, es ist kein Gott, es dennoch wagen, von allen denjenigen,
die sie in ihre Secten aufnehmen, einen Eid zu fordern.

§. 15. Das haben Wir verordnet, um alle diese wüthenden und ruchlosen Secten zu unterdrücken und zu verdammen. Jetzt aber heischen Wir nicht blos, sondern
erbitten allen Ernstes Eure Mitwirkung, ehrwürdige Brüder, katholische Patriarchen, Primaten, Erzbischöfe und Bischöfe. Habt Acht auf Euch und auf die ganze
Heerde, in welcher Euch der heilige Geist gesetzt hat als Bischöfe, zu regieren die Kirche Gottes. Denn es werden reissende Wölfe bei Euch ein-
dringen und die Heerde nicht schonen! aber fürchtet Euch nicht und haltet Euer Leben nicht kostbarer als Euch. Daran haltet fest, dass die Standhaftigkeit der Euch anvertrauten Menschen in der Religion und im Recht-
thun zum grössten Theil von Euch abhänge. Denn obwohl wir in den Tagen
leben, welche böse sind, und in einer Zeit, wo viele die gesunde Lehre nicht
ertragen, so dauert doch der Gehorsam sehr vieler Gläubigen gegen ihre
Hirten noch fort, welche sie mit Recht als die Diener Christi und als die
Ausspender seiner Geheimnisse aufnehmen. Gebrauchet Alle zum Besten
Eurer Schafe jene Autorität, welche Ihr durch die unsterbliche Wohlthat
Gottes in ihren Herzen besitzet. Sie mögen durch Euch die Ränke der
Sectirer erkennen, und wie sorgfältig sie sich vor ihnen und vor den Um-
gang mit ihnen hüten müssen. Sie mögen auf Eure Anregung und Belehrung

---

*sunt juramenta, sed potius perjuria, quae contra utilitatem ecclesiasticam, et SSmo-
rum patrum veniunt instituta."* Et intoleranda est eorum ex his hominibus impu-
dentia, sive amentia, qui cum non modo in corde suo, sed etiam palam, et in publicis
scriptis dicunt „non est Deus" audeant tamen jusjurandum exigere ab iis omnibus,
quos suas in sectas deligunt.

§. 15. *Haec a Nobis constituta sunt ad furiosas et scelestas has omnes sectas
comprimendas et damnandas.* Nunc vero Vestram, Venerabiles fratres catholici Patriar-
chae Primates, Archiepiscopi et Episcopi, operam non postulamus modo sed etiam
flagitamus. Attendite Vobis, et universo gregi, in quo Vos Spiritus sanctus posuit
episcopos regere Ecclesiam Dei. Invadent quidem lupi rapaces in Vos non parcentes
gregi: sed nolite metuere, nec facite animam Vestram pretiosiorem quam Vos. Illud
tenete, a Vobis maxima ex parte pendere hominum Vobis commissorum in religione, et
recte factis constantiam. Quamvis enim iis vivamus diebus „qui mali sunt," eoque
tempore quo plures non sustinent sanam doctrinam, perdurat tamen permultorum
fidelium in pastores suos observantia, quos jure suspiciunt veluti Christi ministros
et dispensatores mysteriorum ejus. Utimini igitur in ovium Vestrarum commodum
hac auctoritate, quam in earum animis immortali Dei beneficio retinetis. Cognoscant
per Vos sectariorum dolos, et quanta diligentia eos, eorumque consuetudinem cavere
debeant. Horreant vobis auctoribus et magistris pravam eorum doctrinam, qui sanctissima religionis nostrae mysteria, et purissima Christi praecepta irrident, omnemque

ihre schlechte Lehre verabscheuen, da sie die heiligsten Geheimnisse unserer Religion und die reinsten Gebote Christi verspotten, und jede rechtmässige Gewalt bekämpfen. Und um Euch mit den Worten Unseres Vorgängers Clemens XII. in seiner Encyclica an alle Patriarchen, Primaten, Erzbischöfe und Bischöfe der katholischen Kirche vom 14. September 1758 anzureden: „Seien wir, ich bitte Euch, voll der Stärke des Geistes Gottes, voll Urtheil und Kraft, dass wir nicht wie stumme Hunde, welche nicht bellen können, unsere Heerden zur Beute und unsere Schafe zum Frass aller Thiere des Feldes werden lassen. Und nichts soll uns abschrecken für die Ehre Gottes und für das Heil der Seelen uns selbst allen Kämpfen preiszugeben. Wir wollen an ihn denken, der solchen Widerspruch gegen sich selbst von den Sündern ertrug. Wenn wir die Verwegenheit der Ruchlosen fürchten, ist es um die Lebenskraft des Episcopats und um die erhabene und göttliche Gewalt, die Kirche zu regieren, geschehen, und wir können nicht länger mehr Christen bleiben oder sein, wenn es dahin gekommen ist, dass wir uns vor den Drohungen oder Nachstellungen der verlorenen Menschen fürchten."

§. 16. Auch Euern Schutz erheischen Wir mit höchstem Eifer, geliebteste Söhne in Christo, katholische Fürsten, die Wir mit besonderer und ganz väterlicher Liebe lieben. Wir rufen Euch daher die Worte ins Gedächtniss, deren Leo der Grosse, dessen Nachfolger in seiner Würde und, wenn auch unwürdiger Erbe seines Namens Wir sind, sich bediente, da er an den Kaiser Leo schrieb: „Du musst ohne Bedenken berücksichtigen, dass Dir die königliche Gewalt nicht blos zur Regierung der Welt, sondern hauptsächlich zum Schutze der Kirche verliehen worden sei, damit Du ruchlose Unternehmungen unter-

---

legitimam potestatem impugnant. Ac ut verbis alloquamur praedecessoris Nostri Clementis XII. in sua epistola encyclica ad Patriarchas, Primates, Archiepiscopos, Episcopos universos Ecclesiae catholicae dieidecimae quartae septembris anni millesimi septingentesimi quinquagesimi octavi: Repleti simus, obsecro, fortitudine spiritus Domini, judicio, et virtute, ne tanquam canes muti, non valentes latrare greges nostros patiamur fieri in rapinam, et oves nostras in devorationem omnium bestiarum agri. Neque nos quidquam deterreat, quominus pro Dei gloria, et salute animarum ad omnes dimicationes nosmet ipsos objiciamus. Recogitemus eum, qui talem sustinuit a peccatoribus adversus semet ipsum contradictionem. Quod si nequissimorum timeamus audaciam, actum est de episcopatus vigore; et de ecclesiae gubernandae sublimi ac divina potestate: nec Christiani ultra aut durare, aut esse jam possumus, si ad hoc ventum est, ut perditorum minas, aut insidias pertimescamus.

§. 16. Summo etiam studio Vestrum flagitamus praesidium, carissimi in Christo filii Nostri catholici principes, quos singulari et prorsus paterno amore diligimus. Revocamus propterea Vobis in memoriam verba, quibus Leo Magnus, cujus in dignitate successores et nominis licet indigni haeredes sumus, ad Leonem imperatorem scribens usus est. „Debes incunctanter advertere regiam potestatem tibi non solum ad mundi regimen, sed maxime ad Ecclesiae praesidium esse collatam, ut ausus

drückest, gute Einrichtungen beschützest und den wahren Frieden, da wo er gestört wurde, wieder herstellst." Uebrigens steht die Sache derzeit so, dass Ihr nicht blos zur Vertheidigung der katholischen Religion, sondern auch zum Schutze Eurer und der Eurem Reiche untergebenen Völker Sicherheit jene Secten zügeln müsst. Denn die Sache der Religion ist namentlich in dieser Zeit mit dem Heil der Gesellschaft so verbunden, dass in keiner Weise die eine von dem andern getrennt werden kann. Denn diejenigen, welche jenen Secten folgen, sind eben so sehr die Feinde der Religion, als Eurer Herrschergewalt. Sie greifen beide an, sie trachten beide gänzlich zu erschüttern. Und wenn sie könnten, würden sie gewiss weder die Religion noch irgend eine königliche Gewalt übrig lassen.

§. 17. Und so gross ist die Schlauheit dieser höchst listigen Menschen, dass sie gerade dann, wenn sie am meisten auf die Erweiterung Eurer Herrschaft bedacht zu sein scheinen, hauptsächlich auf ihren Umsturz losgehen. Sie lehren gar Vieles, um Euch einzureden, dass Unsere und der Bischöfe Gewalt von denjenigen, welche an der Spitze stehen, vermindert und geschwächt werden müsse, und dass viele derjenigen Rechte sowohl, welche diesem heiligen Apostolischen Stuhle und der Hauptkirche eigen sind, als derjenigen, welche den Bischöfen zustehen, die zur Theilnahme an Unserer Sorge berufen sind, an jene zu übertragen seien. Aber das lehren sie nicht blos in dem abscheulichen Hasse, von welchem sie gegen die Religion entflammt sind, sondern auch in der Absicht, weil sie hoffen, die Völker, welche Eurer Herrschaft unterworfen sind, werden, wenn sie sehen, dass die Grenzen verrückt werden, welche Christus und die von ihm eingesetzte Kirche in den heiligen Dingen festgesetzt haben, durch dieses Beispiel leicht dazu

---

nefarios comprimendo, quae sunt bona statuta defendas, et veram pacem his, quae sunt turbata, restituas. Quamquam in eo discrimine res hoc tempore versetur, ut non modo ad Catholicam religionem defendendam, sed ad tuendam etiam Vestram, et populorum Vestro imperio subjectorum incolumitatem sectae illae a Vobis coercendae sint. Religionis enim causa hoc praesertim tempore cum societatis salute ita conjuncta est, ut nullo quidem modo altera ab altera dividi possit. Nam, qui sectas illas sequuntur, non minus religionis, quam Vestrae potestatis sunt hostes. Utramque aggrediuntur, utramque penitus labefactare moliuntur. Neque certe paterentur, si possent, aut religionem, aut regiam ullam potestatem superesse.

§. 17. Ac tanta est hominum callidissimorum astutia, ut cum maxime videntur Vestrae potestatis amplificationi studere, tum ejus eversionem praecipue spectent. Docent illi quidem permulta ut suadeant, Nostram et episcoporum potestatem ab iis, qui rerum potiuntur imminuendam et debilitandam esse, et ad eos plura transferenda jura, tum ex iis, quae propria sunt Apostolicae hujus cathedrae et „Ecclesiae principalis" tum ex iis, quae ad episcopos pertinent, qui in Nostrae sollicitudinis partem sunt vocati. Verum haec illi non modo ex teterrimo quo inflammantur in religionem odio, sed eo etiam consilio docent, quod sperent fore ut gentes, quae Vestro imperio subjiciuntur, si forte perspiciant everti terminos quos de rebus sacris Christus

verleitet werden, auch die Form der politischen Regierung zu ändern und umzustürzen.

§. 18. Auch auf euch alle, geliebte Söhne, die ihr die katholische Religion bekennt, nehmen Wir in Unserem besonderen Gebete und in Unseren Ermahnungen Bedacht. Leuten, welche das Licht Finsterniss und die Finsterniss Licht nennen, weichet in allweg aus; denn welcher wahre und nennenswerthe Nutzen könnte euch aus der Verbindung mit Leuten entstehen, welche keine Rücksicht auf Gott, keine Rücksicht auf die höheren Gewalten nehmen zu dürfen glauben, welche durch Ränke und geheime Zusammenkünfte jene zu bekriegen trachten, und obwohl sie auf dem Markte und überall ausrufen, sie seien die grössten Freunde des öffentlichen Wohls der Kirche und der Gesellschaft, doch durch alle ihre Handlungen bereits erklärt haben, dass sie Alles verderben, Alles umstürzen wollen. Denn sie gleichen jenen Menschen, welche der heil. Johannes in seinem zweiten Briefe c. 10 weder zu beherbergen noch zu grüssen befiehlt, und welche unsere Vorfahren kein Bedenken trugen, die erstgebornen Söhne des Teufels zu nennen. Hütet euch also vor ihren Schmeicheleien und Honigworten, mit denen sie euch zureden werden, in jene Secten einzutreten, deren Mitglieder sie selbst sind. Haltet für gewiss, dass Niemand ein Theilnehmer jener Secten sein kann, ohne sich des schwersten Vergehens schuldig zu machen, und verschliesset eure Ohren den Worten derjenigen, welche, um euch zum Eintritt in die unteren Grade dieser Secten zu bewegen, hoch und theuer versichern, in jenen Graden werde nichts zugelassen, was wider die Vernunft, nichts, was wider die Religion wäre, ja es werde dort nichts gepredigt, noch vorgenommen, was nicht hei-

---

et Ecclesia ab eo instituta constituerunt, facile hoc exemplo adducantur ad politici etiam regiminis formam immutandam et destruendam.

§. 18. Vos etiam omnes, o dilecti filii, qui catholicam religionem profitemini, peculiari oratione et hortationibus Nostris respicimus. Homines, qui ponunt lucem tenebras, et tenebras lucem omnino evitate. Quae enim veri nominis utilitas exoriri vobis poterit ex conjunctione cum hominibus, qui nullam Dei, nullam sublimiorum quarumque potestatum rationem habendam putant, qui per insidias et clancularios conventus bellum illis afferre conantur, quique etsi in foro, et ubique clament, se publici Ecclesiae et societatis boni amantissimos esse, tamen universis suis gestis jam declarassent omnia perturbare, omnia evertere velle. Sunt ii quidem iis hominibus similes, quibus nec hospitium dandum, nec dicendum ave jubet Johannes in secunda sua epistola cap. 10, et quos primogenitos diaboli appellare majores nostri non dubitarunt. Cavete igitur ab eorum blanditiis et mellitis sermonibus, quibus vobis suadebunt, ut nomen illis sectis detis, quibus ipsi adscripti sunt. Pro certo habete neminem earum participem sectarum esse posse, quin gravissimi flagitii reus sit, eorumque verba ab auribus vestris repellite, qui, ut vestrae in gradus suarum sectarum inferiores cooptationi assentiamini, vehementer affirmant, nihil in gradibus illis admitti, quod ratione, nihil quod religioni adversetur, imo nihil vel praedicari, vel perfici, quod non sanctum, quod non rectum, quod non incontaminatum sit. Etenim jusjurandum illud nefarium, quod jam memoratum est, quodque in illa etiam infe-

lig, was nicht recht, was nicht unbefleckt wäre. Denn jener frevelhafte Eid, dessen schon erwähnt wurde, und welcher auch bei der Aufnahme in jene unteren Grade geschworen werden muss, genügt für sich schon, dass ihr einsehen könnet, es sei unrecht, selbst in die leichteren Grade einzutreten und in ihnen zu bleiben. Ferner erhellt, obwohl denjenigen, welche die höheren Grade nicht erreicht haben, die schwereren und frevelhafteren Aufträge nicht ertheilt zu werden pflegen, dennoch augenscheinlich, dass die Kraft und die Verwegenheit dieser höchst verderblichen Gesellschaften aus der Zustimmung und aus der Menge aller derjenigen, welche ihnen beigetreten sind, zusammen bestehe. Daher müssen auch diejenigen, welche nicht über jene unteren Grade hinausgekommen sind, für Theilnehmer jener Frevel gehalten werden, Und sie trifft jenes Wort des Apostels an die Römer im ersten Capitel: „die, welche solches thun, sind des Todes würdig, und nicht allein die solches thun, sondern auch, die denen Beifall geben, welche es thun."

§. 19. Schliesslich rufen Wir diejenigen, welche, da sie schon erleuchtet waren, und die himmlischen Gaben gekostet hatten und des heil. Geistes theilhaftig geworden waren, später elendiglich gefallen sind und jenen Secten folgen, sei es, dass sie in den unteren oder in den höheren Graden derselben verweilen, voller Liebe zu Uns. Denn da Wir Dessen Stelle vertreten, welcher gesagt hat, er sei nicht gekommen, die Gerechten zu rufen, sondern die Sünder, und welcher sich mit dem Hirten verglich, der die übrige Heerde verlässt und eifrig das Schäflein sucht, das er verloren, ermahnen und beschwören Wir sie, dass sie zu Christus zurückkehren mögen. Denn obwohl sie sich mit einem grossen Verbrechen befleckt haben, dürfen sie doch nicht an Gottes und Jesu Christi seines Sohnes Barmherzigkeit und Güte verzweifeln. Mögen sie sich daher endlich einmal aufmachen und wieder zu Jesus

---

riori cooptione jurari debet, satis per se est, ut intelligatis, nefas etiam esse levioribus gradibus adscribi, atque in iis versari. Deinde quamvis quae graviora, et scelestiora sunt, iis mandari non soleant, qui superiores gradus assecuti non sunt, perspicue tamen patet, perniciosissimarum harum societatum vim et audaciam ex omnium, qui iis nomen dederunt, consensione et multitudine coalescere. Itaque ii etiam qui inferiores illos gradus non sunt praetergressi, scelerum illorum participes haberi debent. Et in eos cadit illud Apostoli ad Rom. cap. 1: qui talia agunt, digni sunt morte, et non solum qui ea faciunt, set etiam qui consentiunt facientibus.

§. 19. Postremo eos, qui cum jam essent illuminati, et gustavissent donum coeleste, et participes facti essent Spiritus sancti, deinde tamen miserrime prolapsi sunt, et sectas illas sequuntur, sive in inferioribus, sive in superioribus earum gradibus versentur, peramanter ad Nos vocamus. Ejus enim vice fungentes, qui professus est, non venisse se vocare justos, sed peccatores, et se pastori aequiparavit, qui, relicto reliquo grege, sollicite ovem quaerit, quam perdidit, eos hortamur et obsecramus, ut ad Christum revertantur.

Quamvis enim maximo se polluerint crimine, non debent tamen de Dei et Jesu Christi filii ejus misericordia et clementia desperare. Recipiant igitur sese

Christus, der auch für sie gelitten hat, zurückkehren, und er wird ihre Umkehr nicht blos nicht verachten, sondern vielmehr wie der liebevollste Vater, der die verlorenen Söhne schon lange erwartet, sie gerne aufnehmen. Wir aber suspendiren, um sie, so viel an Uns ist, zur Busse aufzufordern, und ihnen den Weg zu ihr zu erleichtern, auf die Dauer eines ganzen Jahres nach der Veröffentlichung dieses Unseres Apostolischen Schreibens in dem Lande, in welchem sie weilen, sowohl die Verpflichtung, ihre Genossen in jenen Secten anzuzeigen, als auch die Vorbehaltung der Censuren, in welche die in jene Secten Eintretenden verfallen sind, und erklären, dass sie, auch wenn sie ihre Mitschuldigen nicht angeben, durch jeden Beichtvater von jenen Censuren absolvirt werden können, wenn er nur aus der Zahl derjenigen ist, welche von den Ordinarien der Orte, an denen sie weilen, approbirt sind. Diese Erleichterung haben Wir auch auf diejenigen anzuwenden beschlossen, welche etwa in Rom weilen. Sollte einer von denen, an die Wir jetzt dieses Wort richten, so verstockt sein (was der Vater der Barmherzigkeit verhüten wolle), dass er die von Uns bestimmte Zeitfrist verstreichen liesse, ohne jene Secten zu verlassen und wahrhaft umzukehren, so wird nach Ablauf derselben sowohl die Verpflichtung, seine Mitschuldigen anzugeben, als die Vorbehaltung der Censuren sofort wieder gegen ihn aufleben und er wird hernach die Absolution nicht mehr erlangen können, wenn er nicht zuvor seine Mitschuldigen angibt, oder wenigstens einen Eid leistet, dass er sie sobald als möglich angeben werde, und er wird durch niemand anderen von jenen Censuren gelöst werden können, als durch Uns oder Unsere Nachfolger oder durch diejenigen, welche vom Apostolischen Stuhl die Vollmacht erlangt haben von denselben zu absolviren.

---

tandem aliquando et iterum ad Jesum Christum pro iis etiam passum confugiant, qui eorum resipiscentiam non modo non despiciet, sed imo ad instar amantissimi patris, qui filios prodigos jamdudum expectat, libentissime accipiet. Nos vero ut quantum in Nobis est eos excitemus et faciliorem iis sternamus viam ad poenitentiam, suspendimus ad integrum anni spatium post publicatas Nostras has Apostolicas litteras in regione in qua morantur, tum obligationem denunciandi suos in sectis illis socios, tum etiam reservationem censurarum in quas sectis illis nomen dantes inciderunt, eosque etiam non denunciatis complicibus absolvi ab iis censuris posse declaramus a quocumque confessario, modo sit ex eorum numero, qui a locorum, in quibus degunt, ordinariis approbati sunt. Quam etiam facilitatem in eos, qui forte in urbe morentur, adhibendam constituimus. Quod si quispiam ex iis, quos nunc alloquimur, ita pertinax sit (quod Deus misericordiarum pater avertat), ut committat illud temporis spatium, quod designavimus, labi, quin illas sectas deserat, et vere resipiscat, eo elapso continuo et obligatio denunciandi complices, et censurarum reservatio in eum reviviscet, nec absolutionem deinceps impetrare poterit, nisi denunciatis antea complicibus, vel saltem juramento emisso de iis quam primum denunciandis, nec ab alio poterit iis censuris solvi, quam a Nobis, vel a Nostris successoribus, aut ab iis, qui a Sede Apostolica ab iisdem absolvendi facultatem impetraverint.

§. 20. Wir wollen aber, dass den Abschriften Unseres gegenwärtigen Schreibens, auch den gedruckten, wenn sie von der Hand eines öffentlichen Notars unterschrieben und mit dem Siegel einer in einer kirchlichen Würde stehenden Person versehen sind, derselbe Glaube beigemessen werde, welcher diesem Unserem Originalschreiben beizumessen wäre, wenn es ausgehoben oder vorgezeigt würde.

§. 21. Es soll also durchaus keinem Menschen erlaubt sein, dieses Blatt Unserer Erklärung, Verdammung, Befehls, Verbots und Interdicts zu brechen oder ihm verwegen entgegen zu handeln. Wenn aber Jemand sich unterfangen sollte, das zu versuchen, der wisse, dass er dem Zorne des allmächtigen Gottes und seiner heiligen Apostel Petrus und Paulus verfallen wird.

Gegeben zu Rom beim heiligen Petrus im Jahre der Menschwerdung des Herrn Eintausend acht Hundert fünfundzwanzig, am dreizehnten März, Unseres Pontificats im zweiten Jahre.

§. 20. Volumus autem quod praesentium nostrarum litterarum transumptis etiam impressis, manu alicujus notarii publici subscriptis, et sigillo personae in dignitate ecclesiastica constitutae munitis eadem fides prorsus adhibeatur, quae ipsis originalibus litteris adhiberetur, si forent exhibitae vel ostensae.

§. 21. Nulli ergo hominum liceat hanc paginam Nostrae declarationis, damnationis, confirmationis, innovationis, mandati, prohibitionis, invocationis, requisitionis, decreti et voluntatis infringere vel ei ausu temerario contraire. Si quis autem hoc attentare praesumpserit, indignationem omnipotentis Dei ac beatorum Petri et Pauli Apostolorum ejus se noverit incursurum.

Datum Romae apud sanctum Petrum anno incarnationis Dominicae millesimo octingentesimo vicesimo quinto tertio idus Martii, Pontificatus nostri anni II.

VII.

Nachdem Leo XII. in der Einleitung der voranstehenden Constitution daran erinnert hat, dass Clemens XII. die Freimaurer verdammt habe, weil er aus vielen Argumenten gewiss wusste, dass sie nicht nur verdächtig, sondern auch der katholischen Kirche durchaus feindselig seien, theilt er den Wortlaut der Constitution *In eminenti* mit, welchem er die Constitution Benedict's XIV. *Providas* folgen lässt. Dann ruft er aus: „Hätten doch diejenigen, welche damals an der Spitze der Regierungen standen, so viel Gewicht auf jene Decrete gelegt, als das Wohl der Kirche und des Staates es erheischt hätte!" und führt aus, wie durch die Vernachlässigung und leichtsinnige Behandlung dieser Angelegenheit von Seite der Regierungen aus jenen alten maurerischen Secten viele andere und noch schlechtere und verwegenere entstanden, welche die Secte der Freimaurer als die vornebmste der übrigen gleichsam in ihrem Schoosse zu umfassen schien, um die katholische Religion und jede rechtmässige oberste weltliche Gewalt auf das Erbitterste zu bekämpfen. Dann erinnert er an die Constitution Pius VII. gegen die Carbonari, die er ebenfalls in ihrem Wortlaute folgen läst. Hierauf konstatirt er, dass der Uebermuth der Secten durch die Vermehrung ihrer Zahl gestiegen sei, und weist namentlich auf die Universitätsgesellschaften hin, in welchen die Jugend verführt und mit dem Gifte der Geheimlehren getränkt wurden. Mit ergreifender Wahrheit schildert sodann Leo XII. das Treiben der geheimen Gesellschaften und die traurigen Folgen derselben für Kirche und Staat, die unverschämte Bekämpfung der Dogmen und Gebote der Kirche, die Schmähung ihrer Würde, die Störung und Vernichtung ihres Friedens und ihrer Wohlfahrt. Zum Beweise, dass seine Anklagen gegen die geheimen Gesellschaften keine falschen und verleumderischen sind, beruft er sich auf die von ihren Mitgliedern geschriebenen Bücher, in welchen die Obrigkeit verachtet, die Majestät gelästert, Christus ein Aergerniss oder eine Thorheit genannt, ja nicht selten das Dasein Gottes und die Unsterblichkeit der Seele geleugnet wird. Dann verdammt er alle geheimen Gesellschaften ohne Ausnahme, sowohl die bereits bestehenden, als die in der Zukunft erst entstehenden und insbesondere verdammt er den gottlosen und verruchten Eid, durch welchen die Mitglieder der geheimen Gesellschaften

sich zur Wahrung des Geheimnisses verpflichten und erklärt ihn für ganz ungiltig. Hierauf wendet er sich an den ganzen katholischen Episcopat und fordert ihn auf das Eindringlichste auf, der Pest der geheimen Gesellschaften mit ihrer ganzen Autorität entgegenzutreten. Aber auch an die katholischen Fürsten wendet sich Leo XII. und ruft ihren Schutz gegen die geheimen Gesellschaften an, indem er sie, wie Pius VI. es Ludwig XVI. gegenüber gethan, daran erinnert, dass ihnen die königliche Gewalt nicht blos zur Regierung der Welt, sondern hauptsächlich zum Schutze der Kirche verliehen worden sei, und dass sie, so wie die Sache stehe, nicht blos zur Vertheidigung der katholischen Religion, sondern auch zu ihrem und ihrer Völker Schutze die geheimen Gesellschaften zügeln müssen, welche nicht nur die Religion, sondern auch die königliche Gewalt zu beseitigen streben.

Wie viele Fürsten haben in den vierzig Jahren, welche seit diesen väterlich warnenden Worten Leo's XII. verflossen sind, die Wahrheit derselben zu ihrem Schaden erfahren, indem sie durch die Umtriebe der geheimen Gesellschaften Thron und Land verloren!

Dann enthüllt Leo XII. noch einen Kunstgriff der geheimen Gesellschaften, wie sie scheinbar der Macht der Fürsten schmeicheln und sie gegen die Rechte der Kirche einnehmen, um durch die Erschütterung der Autorität der Kirche und der kirchlichen Ordnung um so sicherer die Autorität der weltlichen Regierungen zu vernichten und die politische Ordnung zu ändern und umzustürzen. Schliesslich wendet sich der Papst an alle Katholiken, um sie auf das Eindringlichste vor jeder Gemeinschaft mit den geheimen Gesellschaften, vor ihren Schmeicheleien und Honigworten zu warnen, und ihnen zu erklären, dass sie selbst nicht in die leichteren Grade eintreten dürfen, wegen des frevelhaften Eides, welchen jedes Mitglied schwören muss und weil die geheimen Gesellschaften um so stärker und verwegener werden, je grösser die Zahl ihrer Mitglieder ist. Endlich gewährt der Papst den Mitgliedern der geheimen Gesellschaften eine einjährige Frist zur Umkehr, während welcher sie durch jeden Beichtvater von den schweren Kirchenstrafen absolvirt werden können, in die sie durch ihren Eintritt in die geheimen Gesellschaften verfallen waren.

Auch Leo's XII. Nachfolger, Pius VIII., wendete sich während seines kurzen Pontificats in seiner Encyclica vom 24. Mai 1829 gegen die geheimen Gesellschaften, indem er den Bischöfen mit folgenden Worten die Bekämpfung derselben an's Herz legte: *Vestrarum est partium, Venerabiles Fratres, adversus occultas illas hominum factiosorum societates curas convertere, qui in Deum, et Principes infensi toti in eo sunt, ut Ecclesiae labem, Regnis perniciem, orbi universo perturbationem importent, viamque ad flagitia sternant, fraeno verae fidei confracto. Qui quidem cum tenebricosissimi arcani religione improbitatem suorum coetuum susceptaque in ipsis consilia celare adnitantur, gravem hac ipsa ex causa earum turpitudinum suspicionem injecerunt, quae deinceps pro temporum asperitate, veluti e puteo abyssi, in summam rei sacrae et publicae jacturam*

eruperunt. Hic porro de alia ex occultis hisce societatibus haud ita pridem constituta scribere ad Vos singulatim decrevimus, quae ad adolescentium animos corrumpendos coaluit, qui in Gymnasiis ac Lyceis instituuntur. Pravos, et qui discipulos in vias Baal deducant per doctrinas, quae secundum Deum non sunt, Magistros adscisci, praecipua ipsorum ac veteratoria curatio est, cum probe noscant, ex doctorum praeceptis mentes, moresque auditorum effingi. Quo fit, ut eo jam talium adolescentium licentiam pervasisse ingemiscamus, ut religionis metu projecto, amota disciplina morum doctrinae purioris sanctitate oppugnata, juribus sacrae et civilis potestatis conculcatis nullis eos neque flagitii, neque erroris, neque ausus pudeat, apud quos vere dicere possumus cum Leone Magno (Serm. V. de Jejun. X. mensis c. 4.), lex est mendacium, diabolus religio, sacrificium turpitudo. Haec Vos mala a Vestris dioecesibus propellite, Fratres, et, qua valetis, auctoritate et gratia, contendite, ut viri non literarum scientia dumtaxat, sed vitae etiam, ac pietatis commendatione spectati rectae juvenum institutioni praeficiantur." — „Eure Aufgabe ist es, ehrwürdige Brüder, auf jene geheimen Gesellschaften aufrührerischer Menschen Euer Augenmerk zu richten, welche gegen Gott und gegen die Fürsten so ganz feindselig sind, dass sie der Kirche Erschütterung, den Staaten Verderben und der ganzen Welt Verwirrung bringen und den Weg zu allen Schandthaten bahnen, nachdem sie den Zügel des wahren Glaubens zerrissen haben. Da sie aber die Ruchlosigkeit ihrer Versammlungen und die in denselben gesponnenen Plane durch einen Eid auf die Bewahrung des dunkelsten Geheimnisses zu verbergen trachten, haben sie gerade aus dieser Ursache einen schweren Verdacht ihrer Schändlichkeiten erweckt, welche später, da die Zeiten böse waren, wie aus dem Schlunde des Abgrunds zum höchsten Verderben der Kirche und des Staates hervorbrachen...
Ueber eine von diesen geheimen Gesellschaften, welche erst vor kurzem gegründet wurde und zur Verderbung der Herzen der jungen Leute, die an den Gymnasien und an den Lyceen studiren, sich zusammen gethan hat, haben Wir an jeden von Euch insbesondere zu schreiben beschlossen. Es ist ihr hauptsächliches, arglistiges Trachten, schlechte Lehrer zu berufen, welche die Schüler durch Lehren, die nicht nach Gott sind, auf die Abwege Baal's führen, da sie wohl wissen, dass die Herzen und Sitten der Zuhörer durch die Vorschriften der Lehrer gebildet werden; daher kommt es, dass Wir eine schon so weit vorgeschrittene Frechheit solcher jungen Leute beseufzen müssen, dass sie die Furcht vor der Religion von sich werfen, die Zucht der Sitten beseitigen, die Heiligkeit der reinen Lehre bekämpfen, die Rechte der kirchlichen und der bürgerlichen Gewalt mit Füssen treten und sich keiner Schandthat, keines Irrthums, keines Wagestücks mehr schämen, so dass man bei ihnen mit Leo dem Grossen sagen kann: Ihr Gesetz ist die Lüge, der Teufel ihre Religion, ihr Opfer die Schändlichkeit. Diese Uebel haltet von Euren Diöcesen ferne, Brüder, und trachtet mit aller Autorität und Gnade, die Euch zu Gebote steht, dass Männer, die nicht blos durch den Ruhm der Wissenschaft, sondern auch durch den Ruhm

eines frommen Wandels sich empfehlen, dem rechten Unterrichte der Jugend vorgesetzt werden."

Also Pius VIII. Die Leser werden bemerken, dass von Clemens XII. angefangen in jedem der päpstlichen Aktenstücke, welche die nachfolgenden Päpste gegen die geheimen Gesellschaften zu erlassen sich genöthigt sahen, der Kreis der Anklagen gegen dieselben sich erweitert, und dass eben damit die fortschreitende Entwicklung der Herrschaft der geheimen Gesellschaften und ihrer Grundsätze und die Ausdehnung derselben auf immer weitere Kreise constatirt wird, bis sie endlich durch die Verführung der Jugend zu den Anfängen der menschlichen Gesellschaft herabsteigen und dieselbe in ihren Wurzeln vergiften. Die zweite französische Revolution vom Juli 1830 war ein neuer Ausbruch der unterirdischen Thätigkeit der geheimen Gesellschaften; der Beginn des Pontificats Gregors XVI. wurde durch die Juli-Revolution und ihre Wirkungen, welche sich besonders heftig in Italien äusserten und selbst den h. Stuhl schwer bedrohten, mannigfach verbittert, schwere Regierungssorgen lasteten in Folge dieser Wirren auf den Schultern Gregor's XVI. und nöthigten ihn sogar, die feierliche Besitzergreifung seines Pontificats in der lateranensischen Basilica längere Zeit zu verschieben. Nachdem dieselbe erfolgt war, richtete er die berühmte Encyclica *Mirari vos* vom 15. August 1832 an den gesammten Episcopat des katholischen Erdkreises und schilderte in derselben mit wahrhaft ergreifenden Farben den Zustand, in welchen die offenen und geheimen Umtriebe der geheimen Gesellschaften die Menschheit versetzt hatten. Beim Anblicke des Greuels der Verwüstung brach er in die Worte des Propheten Isaias aus: *Vere luxit et defluxit terra... infecta ab inhabitatoribus suis, quia transgressi sunt leges, mutaverunt jus, dissipaverunt foedus sempiternum.* — **Wahrlich, welk und matt ist das Land... vergiftet von seinen Einwohnern, denn sie übertraten die Gesetze, änderten das Recht, brachen den ewigen Bund."**

Obwohl diese berühmte Encyclica sich nur an wenigen Stellen direct mit den geheimen Gesellschaften beschäftigt, verdient sie doch ihrem vollen Wortlaute nach in diese Sammlung von päpstlichen Actenstücken gegen die Freimaurer und andere geheime Gesellschaften eingereiht zu werden, weil sie alle Schäden aufdeckt, an welchen die Welt in Folge der gottlosen Umtriebe dieser geheimen Gesellschaften hinsiecht, weil sie den Finger schonungslos in die eiternden Wunden legt, welche jene Gesellschaften der Menschheit geschlagen. Das denkwürdige Actenstück lautet:

Encyclica an alle Patriarchen, Primaten, Erzbischöfe und Bischöfe vom 15. August 1832.*)

Gregor XVI., Papst.

Ehrwürdige Brüder! Gruss und apostolischen Segen.

Wundern müsst ihr euch, denken Wir, dass Wir, seit die Verwaltung der ganzen Kirche Unserer Niedrigkeit übergeben worden ist, noch kein Schreiben an Euch gerichtet haben, wie es sowohl die seit den ersten Zeiten eingeführte Gewohnheit, als auch Unser Wohlwollen gegen Euch erfordert hätte. Es war auch Unser sehnlichster Wunsch, sofort Unser Herz gegen Euch auszuschütten und Euch, im geistigen Verkebr mit Euch, mit jener Stimme anzureden, mit welcher Wir in der Person des heiligen Petrus die Brüder zu stärken geheissen wurden. Aber Ihr wisst gar wohl, welcher Sturm von Leiden und Kümmernissen in den ersten Augenblicken Unseres Pontificats Uns plötzlich in eine solche Meerestiefe versenkte, dass Ihr, wenn der Arm Gottes nicht Macht geübt hätte, in Folge der ruchlosen Verschwörung der Gottlosen Unseren Untergang in derselben hättet beseufzen müssen. Es widerstrebt Unserem Herzen, durch die Aufzählung so vieler Fährlichkeiten den Kummer wieder aufzufrischen, den Wir darüber empfanden, und Wir preisen lieber den Vater alles Trostes, welcher den Aufruhr niederwarf, Uns der gegenwärtigen Gefahr entriss, den wilden Sturm stillte und Uns von der Furcht wieder Athem zu schöpfen vergönnte. Wir nahmen Uns alsbald vor, mit Euch Rathschläge zur Heilung der Wunden Israels auszutauschen. Aber die ungeheuere Last von Sorgen, welche bei der Wieder-

---

*) *Epistola Encyclica ad omnes Patriarchas, Primates, Archiepiscopos, et Episcopos, data die XV. augusti MDCCCXXXII.*

Gregorius P. P. XII.

Venerabiles Fratres, Salutem et Apostolicam Benedictionem.

Mirari vos arbitramur, quod ab imposita Nostrae humilitati Ecclesiae universae procuratione nondum Litteras ad Vos dederimus, prout et consuetudo vel a primis temporibus invecta, et benevolentia in Vos Nostra postulasset. Erat id quidem Nobis maxime in votis, ut dilataremus illico super Vos cor Nostrum, atque in communicatione spiritus ea Vos adloqueremur voce, qua confirmare fratres in persona beati Petri jussi fuimus.

Verum probe nostis, quanam malorum aerumnarumque procella primis Pontificatus Nostri momentis in eam subito altitudinem maris acti fuerimus, in qua, nisi dextera Dei fecisset virtutem, ex teterrima impiorum conspiratione Nos congemuissetis demersos. Refugit animus tristissima tot discriminum recensione susceptum inde moerorem refricare; Patrique potius omnis consolationis benedicimus, qui disjectis perduellibus, praesenti Nos eripuit periculo, atque, turbulentissima sedata tempestate, dedit a metu respirare. Proposuimus illico Vobiscum communicare consilia ad sanandas contritiones Israel; sed ingens curarum moles, quibus in conci-

herstellung der öffentlichen Ordnung über Uns hereinstürzte, verzögerte damals die Ausführung Unseres Willens.

Inzwischen kam ein neuer Grund des Schweigens in Folge der Frechheit der Aufrührer dazu, welche neuerdings die Fahne des Aufruhrs zu erheben versuchten. Wir mussten endlich solche Widerspänstigkeit von Leuten, deren ungezügelte Wuth durch die lange Straflosigkeit und durch die von Unserer Milde angewendete Nachsicht augenscheinlich nicht gemildert, sondern vielmehr genährt wurde, wenn auch zu Unserem grössten Kummer, nach der Uns von Gott anvertrauten Autorität, mit der Ruthe kommen, so dass, wie Ihr gar wohl Euch denken könnt, Unsere tägliche Arbeit von Tag zu Tag anstrengender wurde.

Aber nachdem Wir, was Wir ebenfalls aus denselben Ursachen verschoben hatten, bereits nach der Sitte und nach der Einrichtung der Vorfahren von Unserem Pontificat in der lateranensischen Basilica Besitz ergriffen haben, eilen Wir mit endlicher Beseitigung jedes Zögerns zu Euch, ehrwürdige Brüder, und richten zum Zeugnisse Unseres Wohlwollens gegen Euch ein Schreiben an Euch an diesem hochfreudigen Tage, an dem Wir, wegen des Triumphes der in den Himmel aufgenommenen allerseligsten Jungfrau ein feierliches Fest begehen, damit sie, die Wir unter den grössten Leiden als Schutzpatronin und Beschirmerin erkannt haben, Uns auch gnädig beistehe, da Wir an Euch schreiben, und Unseren Geist mit ihrem himmlischen Hauche zu jenen Rathschlägen anleite, welche der christlichen Heerde möglichst heilsam sein werden.

Voll Kummer zwar und das Herz von Traurigkeit erfüllt, kommen Wir zu Euch, die Wir nach Eurem Eifer für die Religion in Folge der grossen Bitterkeit der Zeiten, in welcher dieselbe schwebt, in höchster Beängstigung

lianda publici ordinis restitutione obruti fuimus, moram tunc Nostrae huic objecit voluntati.

Nova interim accessit causa silentii ob factiosorum insolentiam, qui signa perduellionis iterum attollere conati sunt. Nos quidem tantam hominum pervicaciam, quorum effrenatus furor impunitate diuturna, impensaque Nostrae benignitatis indulgentia non deliniri, sed ali potius conspiciebatur, debuimus tandem ingenti licet cum moerore, ex collata Nobis divinitus auctoritate virga compescere; ex quo prout jam probe conjicere potestis, operosior in dies instantia nostra quotidiana facta est.

Ast cum, quod ipsum iisdem ex causis distuleramus, jam possessionem Pontificatus in Lateranensi Basilica ex more institutoque majorum adivimus, omni demum abjecta cunctatione ad Vos properamus, Venerabiles Fratres, testemque Nostrae erga Vos voluntatis epistolam damus laetissima hac die qua de Virginis Sanctissimae in Coelum Assumptae triumpho sollemnia festa peragimus, ut quam Patronam ac Sospitam inter maximas quasque calamitates persensimus, Ipsa et scribentibus ad Vos Nobis adstet propitia, mentemque Nostram coelesti afflatu suo in ea inducat consilia, quae Christiano Gregi futura sint quam maxime salutaria.

Moerentes quidem, animoque tristitia confecto venimus ad Vos, quos pro Vestro in Religionem studio, ex tanta, in qua ipsa versatur, temporum acerbitate maxime

wissen. Denn in Wahrheit können Wir sagen, jetzt sei die Stunde der Macht der Finsterniss um die Söhne der Auserwählung wie Weizen zu sieben. In Wahrheit welk und matt ist das Land . . . . vergiftet von seinen Einwohnern, denn sie übertraten die Gesetze, änderten das Recht, brachen den ewigen Bund. *)

Wir reden, Ehrwürdige Brüder, von dem, was Ihr selbst mit Euren Augen seht, was wir darum mit unseren gemeinsamen Thränen beseufzen. Es frohlockt die hurtige Gottlosigkeit, die unverschämte Wissenschaft, die zügellose Frechheit. Verachtet wird die Heiligkeit der geweihten Dinge, und die Majestät des Gottesdienstes, welcher eine grosse Kraft und eine grosse Nothwendigkeit besitzt, wird von gottlosen Menschen geschmäht, befleckt und verspottet. Dadurch wird die gesunde Lehre verdorben, und Irrthümer aller Art werden keck ausgestreut. Weder die Gesetze der Geweihten, noch die Rechte, noch die Einrichtungen, noch die heiligsten Disciplinen sind sicher vor der Keckheit gottloser Reden. Auf das bitterste wird verfolgt dieser Unser römischer Stuhl des h. Petrus, auf welchen Christus die feste Säule seiner Kirche gegründet hat und die Bande der Einheit werden von Tag zu Tag mehr gelockert und abgerissen. Die göttliche Autorität der Kirche wird bekämpft, ihre Rechte werden mit Füssen getreten, sie selbst wird menschlichen Einrichtungen unterworfen und in der schmählichsten Weise dem Hasse der Völker preisgegeben und in schimpfliche Sclaverei gebracht, den Bischöfen wird der gebührende Gehorsam gebrochen und ihre Rechte werden mit Füssen getreten. Es werden in abscheulicher Weise auf den Academien und Gymnasien neue ungeheuerliche Meinungen laut, durch welche man den katholischen Glauben nicht mehr verborgen und mit List

---

anxios novimus. Vere enim dixerimus, horam nunc esse potestatis tenebrarum ad cribrandos, sicut triticum, filios adoptionis. Vere luxit et defluxit terra. . . . infecta ab habitatoribus suis, quia transgressi sunt leges, mutaverunt jus, dissipaverunt foedus sempiternum.

Loquimur, Venerabilis Fratres, quae Vestris ipsi oculis conspicitis, quae communibus idcirco lacrymis ingemiscimus. Alacris exultat improbitas, scientia impudens, dissoluta licentia. Despicitur sanctitas sacrorum, et quae magnam vim, magnamque neccessitatem possidet, divini cultus majestas ab hominibus nequam improbatur, polluitur, habetur ludibrio. Sana hinc pervertitur doctrina, erroresque omnis generis' disseminantur audacter. Non leges sacrorum, non jura, non instituta, non sanctiores quaelibet disciplinae tutae sunt ab audacia loquentium iniqua. Vexatur acerrime Romana haec Nostra Beatissimi Petri Sedes, in qua posuit Christus Ecclesiae firmamentum; et vincula unitatis in dies magis labefactantur, abrumpuntur. Divina Ecclesiae auctoritas oppugnatur ipsiusque juribus convulsis, substernitur ipsa terrenis rationibus, ac per summam injuriam odio populorum subjicitur, in turpem redacta servitutem. Debita Episcopis obedientia infringitur, eorumque jura conculcantur. Personant horrendum in modum Academiae ac Gymnasia novis opinionum monstris, quibus non occulte amplius et cuniculis petitur Catholica Fides, sed horri-

---

*) Isaias XXIV. 5.

angreift, sondern ihm schon offen und vor aller Welt einen schrecklichen und ruchlosen Krieg macht. Denn durch die Unterweisungen und das Beispiel der Lehrer sind die Herzen der jungen Leute verdorben, und eine ungeheure Niederlage der Religion und eine furchtbare Sittenverderbniss verbreitet worden. Nach Abwerfung des Zügels der heiligsten Religion, durch welche allein die Reiche bestehen und die Kraft und Stärke der Herrschaft befestigt wird, sehen Wir daher den Untergang der öffentlichen Ordnung, die Erschütterung des fürstlichen Ansehens und die Umwälzung jeder rechtmässigen Gewalt überhandnehmen. **Dieser grosse Zusammenfluss von Calamitäten ist hauptsächlich aus der Verschwörung jener Gesellschaften herzuleiten, in welche Alles, was in den Haeresien und in den verruchtesten Secten Sacrilegisches, Schändliches u. Blasphemisches ist, wie in eine Cloake mit allem Schmutz zusammengeflossen ist.**

Das, ehrwürdige Brüder, und manches Andere, vielleicht noch Schwerere, was jetzt anzuführen zu lange wäre und was Ihr wohl wisst, heisst Uns im bitteren und bangen Schmerze sein, und es muss Uns, die Wir auf den Stuhl des Apostelfürsten gesetzt sind, der Eifer für das Haus Gottes vor allem Uebrigen verzehren. Da Wir aber erkennen, dass Wir an eine solche Stelle gesetzt sind, wo es nicht genügt, diese zahllosen Uebel blos zu beklagen, wenn Wir nicht auch nach Kräften sie auszurotten bestrebt sind, nehmen Wir Unsere Zuflucht zu dem Beistand Eures Glaubens und rufen Eure Sorgfalt für das Heil der katholischen Heerde an, Ehrwürdige Brüder, deren ausgezeichnete Tugend und Frömmigkeit und besondere Klugheit und emsiger Fleiss Unseren Muth erhöht und Uns in Unserer Betrübniss über eine solche schwierige Lage mit freudigem Troste aufrecht hält. Denn Unsere Aufgabe ist es, Unsere Stimme zu erheben und Alles zu versuchen, dass der

ficum ac nefarium ei bellum aperte jam et propalam infertur. Institutis enim exemploque Praeceptorum corruptis adolescentium animis, ingens Religionis clades, morumque perversitas teterrima percrebuit. Hinc porro freno Religionis Sanctissimae projecto, per quam unam Regna consistunt, dominatusque vis ac robur firmatur conspicimus ordinis publici exitium, labem principatus, omnisque legitimae potestatis conversionem invalescere. **Quae quidem tanta calamitatum congeries ex illarum in primis conspiratione Societatum est repetenda, in quas quidquid in haeresibus, et in sceleratissimis quibusque sectis sacrilegum, flagitiosum, ac blasphemum est, quasi in sentinam quamdam, cum omnium sordium concretione confluxit.**

Haec, Venerabiles Fratres, et alia complura et fortassis etiam graviora, quae in praesens percensere longum esset, ac Vos probe nostis, in dolore esse Nos jubent acerbo sane ac diuturno, quos in Cathedra Principis Apostolorum constitutos zelus universae Domus Dei comedat prae caeteris opus est. Verum cum eo Nos loci positos esse agnoscamus, quo deplorare dumtaxat innumera haec mala non sufficiat, nisi et ea convellere pro viribus connitamini; ad opem fidei Vestrae confugimus, Vestramque pro Catholici Gregis salute sollicitudinem advocamus, Venerabiles Fratres, quorum spectata virtus ac religio et singularis prudentia et sedula adsiduitas animos Nobis addit, atque in tanta rerum asperitate afflictos consolatione sustentat perjucunda. Nostrarum quippe est partium, vocem tollere, omniaque conari, ne aper de silva demo-

Eber aus dem Walde den Weinberg nicht verwüste und die Wölfe die Heerde nicht hinschlachten; Unsere Aufgabe ist es, die Schafe nur auf jene Weiden zu treiben, welche ihnen heilsam sind und nicht im geringsten verdächtig. Ferne sei es, Geliebteste, ferne sei es, dass, wenn solche Uebel uns bedrängen, solche Gefahren uns bedrohen, die Hirten ihrer Aufgabe nicht entsprechen und von Furcht getrieben die Schafe im Stiche lassen oder die Sorge für die Heerde von sich werfen und in Müssiggang und Trägheit erschlaffen. Führen wir also in der Einheit des Geistes unsere gemeinsame oder vielmehr Gottes Sache, und richten wir unser Aller gemeinsame Wachsamkeit, unseren gemeinsamen Kampf zum Heile des ganzen Volkes gegen die gemeinsamen Feinde.

Das werdet Ihr aber hauptsächlich dann thun, wenn Ihr, wie es die Aufgabe Eures Amtes erfordert, auf Euch und auf die Lehre Acht gebt und fleissig in Eurem Herzen erwäget, dass durch jede Neuerung die ganze Kirche verwundet wird, und nach der Ermahnung des heiligen Papstes Agatho, dass nichts von dem, was ordnungsmässig definirt ist, vermindert, nichts geändert, nichts hinzugefügt werden dürfe, sondern dass Alles den Worten und dem Sinne nach unversehrt bewahrt werden müsse. Unverrückt wird dadurch die Festigkeit der Einheit, welche auf diesem Stuhle des h. Petrus wie auf ihrem Fundamente ruht, bestehen bleiben, damit da, von wo auf alle Kirchen die ehrwürdigen Rechte der Gemeinschaft ausfliessen, alle auch ihre Schutzmauer und ihre Sicherheit und ihren vor den Wogen geschützten Hafen und den Schatz unzähliger Güter finden. Um nun die Verwegenheit derjenigen zurückzutreiben, welche entweder die Rechte dieses h. Stuhles zu schwächen oder die Verbindung der Kirchen mit ihm zu zerreissen streben, auf der allein sie stehen und kräftig sind, so schärfet den grössten Eifer für den Glauben an

---

liatur vineam, neve lupi mactent gregem; Nostrum est, oves in ea dumtaxat pabula compellere, quae salutaria iisdem sint, nec vel tenui suspicione perniciosa. Absit, Carissimi, absit, ut quando tanta premant mala, tanta impendeant discrimina, suo desint muneri pastores, et perculsi metu dimittant oves, vel, abjecta cura gregis, otio torpeant ac desidia. Agamus idcirco in unitate spiritus communem Nostram, seu verius Dei causam, et contra communes hostes pro totius populi salute una omnium sit vigilantia, una contentio.

Id porro apprime praestabitis, si, quod Vestri muneris ratio postulat, attendatis Vobis et doctrinae, illud assidue revolventes animo, universalem Ecclesiam quacumque novitate pulsari, atque ex S. Agathonis Pontificis monitu nihil de iis, quae sunt regulariter definita, minui debere, nihil mutari, nihil adjici, sed ea et verbis, et sensibus illibata esse custodienda. Immota inde consistet firmitas unitatis, quae hac B. Petri Cathedra suo veluti fundamento continetur, ut unde in Ecclesias omnes venerandae communionis jura dimanant, ibi, universis et murus sit, et securitas et portus expers fluctuum, et bonorum thesaurus innumerabilium. Ad eorum itaque retundendam audaciam, qui vel jura Sanctae hujus Sedis infringere conantur, vel dirimere Ecclesiarum cum ipsa conjunctionem, qua una eadem nituntur et vigent,

sie und für die aufrichtige Verehrung gegen sie ein und rufet mit dem h. Cyprian aus: **Fälschlich vertraue der, er sei in der Kirche, welcher den Stuhl des h. Petrus verlässt, auf den die Kirche gegründet ist.**

Darauf also müsst ihr hinarbeiten und fleissig darüber wachen, dass die Hinterlage des Glaubens in einer so grossen Verschwörung der gottlosen Leute bewahrt werde, welche, wie Wir beklagen, angestiftet ist um sie zu rauben und zu Grunde zu richten. Alle mögen sich erinnern, das Urtheil über die gesunde Lehre, in welche die Völker einzuweihen sind und die Regierung und Verwaltung der ganzen Kirche sei bei dem römischen Papste, **welchem die Vollgewalt, die ganze Kirche zu weiden, zu regieren und zu leiten von Christus dem Herrn verliehen worden ist**, wie die Väter des Concils von Florenz in ausdrücklicher Weise erklärt haben. Es ist aber die Pflicht der einzelnen Bischöfe, dem Stuhle Petri auf das treueste anzuhängen, die Hinterlage heilig und gewissenhaft zu bewahren und die ihnen anvertraute Heerde Gottes zu weiden. Die Priester aber müssen den Bischöfen unterworfen sein, denn der h. Hieronymus ermahnt sie, **dass sie dieselben wie ihre geistlichen Väter aufnehmen müssen**, und sie sollen nie vergessen, dass ihnen schon die alten Canones verbieten, irgend etwas in dem übernommenen Amte zu thun, und das Lehr- und Predigtamt sich herauszunehmen **ohne die Zustimmung des Bischofs, dessen Treue das Volk anvertraut ist und von welchem Rechenschaft für die Seelen gefordert werden wird**. Als gewiss und fest muss man endlich annehmen, dass alle diejenigen, welche gegen diese Ordnung etwas unternehmen, den Stand der Kirche so viel als an ihnen ist, verwirren.

---

maximum fidei in eam ac venerationis sincerae studium inculcate, inclumantes cum S. Cypriano, falso confidere se esse in Ecclesia, qui Cathedram Petri deserat, super quam fundata est Ecclesia.

In hoc ideo elaborandum Vobis est, assidueque vigilandum, ut fidei depositum custodiatur in tanta hominum impiorum conspiratione, quam ad illud diripiendum perdendumque factam lamentamur. Meminerint omnes, judicium de sana doctrina, qua populi imbuendi sunt, atque Ecclesiae universae regimen et administrationem penes Romanum Pontificem esse, cui plena pascendi, regendi, et gubernandi universalem Ecclesiam, potestas a Christo Domino tradita fuit, uti Patres Florentini Concilii diserte declararunt. Est autem singulorum Episcoporum Cathedrae Petri fidelissime adhaerere, depositum sancte religioseque custodire, et pascere, qui in eis est gregem Dei. Presbyteri vero subjecti sint, oportet, Episcopis, quos uti animae parentes suscipiendos ab ipsis esse, monet Hieronymus: nec unquam obliviscantur, se vetustis etiam canonibus vetari, quidpiam in suscepto ministerio agere, ac docendi et concionandi munus sibi sumere sine sententia Episcopi, cujus fidei populus est creditus, et a quo pro animabus ratio exigetur. Certum denique firmumque sit, eos omnes, qui adversus praestitutum hunc ordinem aliquid moliantur, statum Ecclesiae, quantum in ipsis est, perturbare.

Unrecht wäre es ferner und gegen alle Ehrfurcht, mit welcher die Gebote der Kirche aufzunehmen sind, die von ihr gutgeheissene Disciplin, in welcher die Verwaltung des Heiligen und die Norm der Sitten und der Inbegriff der Rechte der Kirche und ihrer Diener enthalten ist, mit wahnwitziger Lust zu schmähen, oder sie als gewissen Grundsätzen des Naturrechts feindlich zu bezeichnen oder mangelhaft und unvollkommen zu nennen oder zu behaupten, sie sei der bürgerlichen Autorität unterworfen.

Da aber, um die Worte der Väter des Concils von Trient zu gebrauchen, feststeht, dass die Kirche von Jesus Christus und seinen Aposteln unterrichtet worden sei und von dem heiligen Geiste, der sie von Tag zu Tag in alle Wahrheit einführt, gelehrt werde, ist es ganz abgeschmackt und höchst beleidigend für sie, eine gewisse Wiederherstellung und Wiedergeburt ihr aufdringen zu wollen, als wäre sie nothwendig, um für ihre Unversehrtheit und ihr Wachsthum Sorge zu tragen, gerade als könnte man sie einem Mangel oder einer Verfinsterung oder anderen derartiger Unzukömmlichkeiten für unterworfen halten; durch diese Umtriebe zielen die Neuerer darauf ab, dass sie die Fundamente zu einer neuen Einrichtung der Menschheit legen und dass das geschehe, was der heilige Cyprian verabscheut, dass die Kirche, welche etwas Göttliches ist, menschlich werde. Es mögen aber diejenigen, welche derartige Anschläge hegen, erwägen, dass nur dem römischen Papste, nach dem Zeugnisse des h. Leo, die Verwaltung der Canones anvertraut sei, dass es nur ihm, aber keinem Privatmanne zustehe, über die Regeln der väterlichen Bestimmungen etwas zu entscheiden, und so, wie der h. Gelasius schreibt, die Beschlüsse der Canones abzuwägen, die Gebote ihrer Vorgänger zu ermessen, um, was das Bedürfniss der Zeiten zur Wiederherstellung der Kirchen nachzulassen erheischt, nach sorgfältiger Erwägung zu mildern.

Nefas porro esset, atque ab eo venerationis studio prorsus alienum, qua Ecclesiae leges sunt excipiendae, sancitam ab ipsa disciplinam, qua et sacrorum procuratio et morum norma et jurium Ecclesiae, Ministrorumque ejus ratio continetur, vesana opinandi libidine improbari, vel ut certis juris naturae principiis infestam notari, vel mancam dici atque imperfectam, civilique auctoritati subjectam.

Cum autem, ut Tridentinorum Patrum verbis utamur, constet, Ecclesiam eruditam fuisse a Christo Jesu, ejusque Apostolis, atque a Spiritu sancto illi omnem veritatem in dies suggerente edoceri, absurdum plane est, ac maxime in eam injuriosum, restaurationem ac regenerationem quamdam obtrudi, quasi necessariam, ut ejus incolumitati et incremento consulatur, perinde ac si censeri ipsa possit vel defectui, vel obscurationi, vel aliis hujuscemodi incommodis obnoxia; quo quidem molimine eo spectant novatores, ut recentis humanae institutionis jaciantur fundamenta illudque ipsum eveniat quod detestatur Cyprianus, ut, quae divina res est, humana fiat Ecclesia. Perpendant vero, qui consilia id genus machinantur, uni Romano Pontifici ex S. Leonis testimonio Canonum dispensationem esse creditam, ipsiusque dumtaxat esse, non vero privati hominis, de paternarum regulis sanctionum quidpiam decernere, atque ita, quemadmodum scribit S. Gelasius decreta Canonum librare decessorumque

Hier aber wollen Wir nach Eurer Religiosität Eure Standhaftigkeit in Bezug auf die hässliche Verschwörung gegen den geistlichen Cölibat ermuntern, die, wie Ihr wisst, von Tag zu Tag in weiteren Kreisen entbrennt, da mit den verlassensten Philosophen unseres Zeitalters auch einige aus dem geistlichen Stande zusammengehen, welche ihrer Person und ihres Amtes vergessend und durch Sinnenreiz hingerissen in ihrer Zügellosigkeit so weit gekommen sind, dass sie an einigen Orten öffentliche und wiederholte Forderungen an die Fürsten zu stellen wagten, diese h. Disciplin zu durchbrechen. Aber es widerstrebt Uns, Euch mit langen Reden über diese schändlichen Bestrebungen aufzuhalten, und Wir tragen Euch lieber Eurer Religiosität vertrauend auf, mit aller Macht darnach zu streben, ein so hochwichtiges Gesetz, gegen welches die Pfeile der Lüsternen von allen Seiten gerichtet sind, unversehrt zu bewahren, in Schutz zu nehmen und zu vertheidigen nach der Vorschrift der h. Canones.

Sodann erheischt die ehrenvolle Ehe der Christen, welche Paulus ein grosses Sakrament in Christus und der Kirche genannt hat, unsere gemeinschaftliche Sorge, dass Nichts gegen ihre Heiligkeit und gegen ihr unauflösliches Band unrecht gedacht oder einzuführen versucht werde. Eindringlich hat Euch das schon in seinem Schreiben Unser Vorgänger Pius VIII., seligen Andenkens, empfohlen, aber noch immer wachsen feindliche Umtriebe gegen dieselbe empor. Es sind also die Völker fleissig zu belehren, die einmal rechtmässig eingegangene Ehe könne nicht mehr getrennt werden und Gott habe den durch die Ehe Verbundenen eine beständige Lebensgemeinschaft und ein nothwendiges Band gegeben, welches nur durch den Tod aufgelöst werden könne. Eingedenk

---

praecepta metiri, ut quae necessitas temporum restaurandis Ecclesiis relaxanda deposcit, adhibita consideratione diligenti temperentur.

Hic autem Vestram volumus excitatam pro religione constantiam adversus foedissimam in Clericalem coelibatum conjurationem, quam nostis effervescere in dies latius, connitentibus cum perditissimis nostri aevi philosophis nonnullis etiam ex ipso ecclesiastico ordine, qui personae obliti, munerisque sui, ac blandiciis abrepti voluptatum, eo licentiae proruperunt, ut publicas etiam atque iteratas aliquibus in locis ausi sint adhibere Principibus postulationes ad disciplinam illam sanctissimam perfringendam. Sed piget de turpissimis hisce conatibus longo vos sermone distinere, vestraeque potius religioni fidentes committimus, ut legem maximi momenti, in quam lascivientium tela undique sunt intenta, sartam tectam custodiri, vindicari, defendi, ex sacrorum canonum praescripto, omni ope contendatis.

Honorabile deinde Christianorum connubium, quod Sacramentum magnum nuncupavit Paulus in Christo et Ecclesia, communes nostras curas efflagitat, ne quid adversus ipsius sanctitatem, ac de indissolubili ejusdem vinculo minus recte sentiatur, vel tentetur induci. Impense id jam commendarat suis ad vos litteris felicis recordationis Praedecessor Noster Pius VIII., adhuc tamen infesta eidem molimina successcunt. Docendi itaque sunt sedulo populi; matrimonium semel rite initum dirimi amplius non posse, nexisque connubio Deum indidisse, perpetuam vitae societatem nodumque necessitudinis, qui exsolvi, nisi morte, non possit. Memores, sacris illud rebus adnumerari, et Ecclesiae proinde subjici, praestitutas de ipso ejusdem Eccle-

dass sie den heiligen Sachen beigezählt wird und folglich der Kirche unterworfen ist, sollen sie die über dieselbe erlassenen Gesetze dieser Kirche vor Augen haben und ihnen gewissenhaft und pünktlich folgen, da von ihrer Befolgung durchaus die Kraft, Stärke und rechte Verbindung der Ehe abhängt. Sie mögen sich hüten auf irgend eine Weise etwas zuzulassen, was den Aussprüchen der h. Canones und den Decreten der Concilien entgegen wäre, da sie wohl wissen, dass jene Ehen ein schlechtes Ende nehmen werden, die entweder gegen die Disciplin der Kirche, ohne vorhergängige Aussöhnung mit Gott, oder blos in der Hitze der Begierde geschlossen werden, ohne dass die Brautleute einen Gedanken an das Sacrament und an die Geheimnisse haben, welche dasselbe bedeutet.

Nun verfolgen Wir eine andere sehr fruchtbare Ursache der Uebel, von welchen, wie Wir beklagen, die Kirche gegenwärtig heimgesucht wird, nämlich den **Indifferentismus** oder jene verkehrte Ansicht, welche durch den Betrug der Gottlosen auf allen Seiten zu hören ist, man könne nämlich in dem Bekenntniss eines jeden Glaubens die ewige Seligkeit erlangen, wenn die Sitten nach der Norm des Rechten und des Ehrbaren eingerichtet seien. Aber mit leichter Mühe werdet Ihr in einer so ganz klaren und ganz augenscheinlichen Sache den verderblichsten Irrthum von den Eurer Fürsorge anvertrauten Völkern abhalten, denn da der Apostel ermahnt, **Ein Gott sei, Ein Glaube, Eine Taufe**, so mögen diejenigen, welche behaupten, in jeder Religion stehe der Zugang zum Hafen der ewigen Seligkeit offen, sich fürchten, und im Herzen erwägen, **sie seien nach dem Zeugnisse des Erlösers selbst gegen Christus, weil sie nicht mit Christus sind**, und sie zerstreuen unglücklicher Weise, weil sie nicht mit ihm sammeln, und darum **werden sie ohne Zweifel ewig zu Grunde gehen, wenn sie nicht am katholischen Glauben festhalten und denselben unversehrt und unverletzt bewahren**. Auf Hieronymus mögen sie hören, wel-

---

siae leges habeant ob oculos, iisque pareant sancte, accurateque, ex quarum exequutione omnino pendet ejusdem connubii vis, robur, ac justa consociatio. Caveant, ne quod sacrorum canonum placitis Conciliorumque decretis officiat, ulla ratione admittant, probe gnari, exitus infelices illa habitura esse conjugia, quae vel adversus Ecclesiae disciplinam, vel non propitiato prius Deo, vel solo aestu libidinis jungantur, quin de sacramento, ac de mysteriis, quae illo significantur, ulla teneat sponsos cogitatio.

Alteram nunc persequimur causam malorum uberrimam, quibus afflictari in praesenti comploramus Ecclesiam, indifferentismum scilicet, seu pravam illam opinionem, quae improborum fraude ex omni parte percrebuit, qualibet fidei professione aeternam posse animae salutem comparari, si mores ad recti honestique normam exigantur. At facile sane negotio in re perspicua, planeque evidenti, errorem exitiosissimum a populis Vestrae curae concreditis propelletis. Admonente enim Apostolo, unum esse Deum, unam fidem, unum baptisma, extimescant, qui e religione qualibet patere ad portum beatitudinis aditum comminiscuntur, reputentque animo ex ipsius Servatoris testimonio esse se contra Christum, quia cum Christo non sunt seque infeliciter dispergere, quia cum ipso non colligunt; ideoque absque dubio aeternum esse perituros, nisi teneant Catholicam fidem, eamque integram, inviolatamque servaverint. Hieronymum audiant

cher, da die Kirche durch das Schisma in drei Theile gespalten war, erzählt, er habe fest an seinem Glauben haltend, als Jemand ihn zu sich hinüber zu reissen strebte, beständig ausgerufen: Wer mit dem Stuhle Petri verbunden ist, der ist mein Mann! Fälschlich aber würde sich Jemand schmeicheln, auch er sei durch das Wasser wiedergeboren, denn passend würde Augustinus ihm antworten: Auch das Schoss, welches vom Weinstock abgeschnitten ist, hat dieselbe Form, aber was nützt ihm die Form, wenn es nicht aus der Wurzel lebt?

Und aus dieser stinkenden Quelle des Indifferentismus fliesst auch jene abgeschmackte und irrige Ansicht oder vielmehr jener Wahnsinn, man müsse einem Jeden die Gewissensfreiheit zusichern und schützen. Diesem pestartigen Irrthum bahnt den Weg jene volle und masslose Freiheit der Meinungen, welche zum Ruin der heiligen und der bürgerlichen Sache weit und breit grassirt, da Einige in höchster Unverschämtheit sagen, es entspringe daraus einiger Vortheil für die Religion. Aber was gibt es für einen schlimmeren Tod der Seele als die Freiheit des Irrthumes? sagt Augustinus. Denn wenn jeder Zügel beseitigt ist, durch welchen die Menschen auf den Pfaden der Wahrheit zurückgehalten werden, während schon ihre zum Bösen geneigte Natur blindlings dahin stürmt, so können wir in Wahrheit sagen: geöffnet sei der Schlund des Abgrundes, aus welchem der h. Johannes Rauch aufsteigen sah, durch den die Sonne verdunkelt wurde, und aus welchem Heuschrecken hervorkamen über die Erde. Denn daher kommt die Veränderung der Herzen, daher die Verschlechterung der Jugend, daher die Verachtung des Heiligen und der heiligsten Dinge und Gesetze im Volke, daher mit einem Worte jene Pest des öffentlichen Wesens, welche tödtlicher ist als jede andere, da es nach dem Zeugnisse der Erfahrung schon aus dem frühesten Alterthume

---

qui, cum in tres partes schismate scissa esset Ecclesia, narrat, se tenacem propositi quando aliquis rapere ipsum ad se nitebatur, constanter clamitasse: Si quis Cathedrae Petri jungitur, meus est. Falso autem sibi quis blandiretur, quod et ipse in aqua sit regeneratus. Opportune enim responderet Augustinus: Ipsam formam habet etiam sarmentum, quod praecisum est de vite: sed quid illi prodest forma, si non vivit de radice?

Atque ex hoc putidissimo indifferentismi fonte absurda illa fluit ac erronea sententia, seu potius deliramentum, asserendam esse ac vindicandam cuilibet libertatem conscientiae. Cui quidem pestilentissimo errori viam sternit plena illa, atque immoderata libertas opinionum, quae in sacrae et civilis rei labem late grassatur, dictitantibus per summam impudentiam nonnullis, aliquid ex ea commodi in religionem promanare. At quae pejor mors animae, quam libertas erroris? inquiebat Augustinus. Freno quippe omni adempto, quo homines contineantur in semitis veritatis, proruente jam in praeceps ipsorum natura ad malum inclinata, vere apertum dicimus puteum abyssi. e quo vidit Joannes ascendere fumum, quo obscuratus est sol, locustis ex eo prodeuntibus in vastitatem terrae. Inde enim animorum immutationes, inde adolescentium in deteriora corruptio, inde in populo sacrorum, rerumque ac legum sanctissimarum contemptus, inde uno verbo pestis rei publicae prae qualibet capitalior, cum experientia teste vel a prima antiquitate notum sit, civitates, quae

bekannt ist, dass Staaten, welche durch Reichthümer, Herrschaft, Ruhm blühten, durch dieses einzige Uebel gefallen sind, nämlich durch die masslose Freiheit der Meinungen, durch die Zügellosigkeit der öffentlichen Reden, durch die Sucht nach Neuerungen.

Daher gehört auch jene abscheuliche und nie genug zu verwerfende und zu verabscheuende Freiheit der Presse zur Herausgabe von Schriften aller Art, welche Einige so schändlicher Weise zu fördern und zu befördern wagen. Wir erschaudern, Ehrwürdige Brüder, wenn Wir betrachten, von was für ungeheuerlichen Lehren oder vielmehr von was für furchtbaren Irrthümern wir überfallen werden, welche durch die ungeheuere Menge von Büchern, Broschüren und Schriften, klein zwar an Umfang, aber sehr gross an Bosheit, weit und breit ausgestreut werden, und aus denen, wie Wir beweinen müssen, der Fluch über das Angesicht der Erde ausgegangen ist. Es giebt aber leider Leute, welche sich zu solcher Unverschämtheit fortreissen lassen, dass sie frisch darauf los behaupten, dieser Zusammenfluss von Irrthümern, welcher daraus hervorbricht, werde genug und übergenug aufgewogen durch das eine oder das andere Buch, welches in diesen schlechten Zeiten zur Vertheidigung der Religion und der Wahrheit ausgegeben wird. Unrecht ist es wahrlich und durch jedes Recht verworfen, absichtlich ein gewisses und grösseres Uebel zu begehen, weil man die Hoffnung hat, man werde daraus etwas Gutes erhalten. Wird wohl Jemand bei gesundem Verstande sagen, man müsse Gifte frei verbreiten, öffentlich verkaufen und herumtragen, ja selbst trinken, weil auch ein Heilmittel in ihnen enthalten ist, durch welches diejenigen, die es gebrauchen, ebenso gut vom Tode errettet werden können.

Ganz anders war aber die Disciplin der Kirche zur Ausrottung der Pest der schlechten Bücher schon seit der Apostel Zeiten, von denen wir lesen dass sie eine grosse Masse von Büchern öffentlich verbrannt haben. Es würde

---

opibus, imperio, gloria floruere, hoc uno malo concidisse, libertate immoderata opinionum, licentia concionum, rerum novandarum cupiditate.

Huc spectat teterrima illa, ac nunquam satis exsecranda et detestabilis libertas artis librariae ad scripta quaelibet edenda in vulgus, quam tanto convicio audent nonnulli efflagitare ac promovere. Perhorrescimus, Venerabiles Fratres, intuentes quibus monstris doctrinarum, seu potius quibus errorum portentis obruamur, quae longe ac late ubique disseminantur ingenti librorum multitudine, libellisque, et scriptis mole quidem exiguis, malitia tamen permagnis, e quibus maledictionem egressam illacrymamur super faciem terrae. Sunt tamen, proh dolor! qui eo impudentiae abripiantur, ut asserant pugnaciter, hanc errorum colluviem inde prorumpentem satis cumulate compensari ex libro aliquo, qui in hac tanta pravitatum tempestate ad Religionem ac veritatem propugnandam edatur. Nefas profecto est, omnique jure improbatum, patrari data opera malum certum ac majus, quia spes sit inde boni aliquid habitum iri. Numquid venena libere spargi, ac publice vendi, comportarique, imo et obbibi debere, sanus quis dixerit, quod remedii quidpiam habeatur, quo qui utuntur, eripi eos ex interitu identidem constat?

Verum longe alia fuit Ecclesiae disciplina in exscindenda malorum librorum peste vel ab Apostolorum aetate, quos legimus grandem librorum vim publice com-

genügen, die auf dem fünften lateranensischen Concil in dieser Beziehung erlassenen Gesetze durchzulesen und die Constitution, welche hernach von Leo X., Unserem Vorgänger seligen Andenkens erlassen wurde, **damit das, was zur Mehrung des Glaubens und zur Verbreitung der guten Künste heilsam erfunden wurde, nicht in sein Gegentheil verkehrt werde und dem Heile der Christgläubigen Schaden bereite.** Das war auch die eifrigste Sorge der Väter von Trient, welche ein Heilmittel gegen dieses grosse Uebel anwendeten, durch die Erlassung der höchst heilsamen Decrete über die Anfertigung des Index der Bücher, in welchen die unreine Lehre enthalten wäre. **Man muss tapfer kämpfen,** sagt Clemens XIII., Unser Vorgänger seligen Andenkens, in seiner Encyclica über die Proscription schädlicher Bücher, **man muss tapfer kämpfen, so viel es die Sache selbst erheischt und man muss nach Kräften die todbringende Verderbniss so vieler Bücher ausrotten, denn nie wird der Stoff des Irrthums beseitigt werden, wenn nicht die verruchten Elemente der Schlechtigkeit in den Flammen untergehen.** Aus dieser beständigen Sorgfalt aller Zeiten, mit welcher dieser heilige Apostolische Stuhl immer bestrebt war, verdächtige und schädliche Bücher zu verdammen und den Händen der Leute zu entwinden, geht also auf das Klarste hervor, wie falsch, verwegen und beleidigend für diesen Apostolischen Stuhl und wie fruchtbar an ungeheuren Uebeln im christlichen Volke die Lehre Jener sei, welche nicht blos die Censur der Bücher als zu drückend und zu lästig verwerfen, sondern in ihrer Gottlosigkeit sogar so weit gehen, dass sie predigen, sie sei den Principien des wahren Rechts entgegen, und der Kirche das Recht zu bestreiten wagen, sie zu beschliessen und zu handhaben.

---

bussisse. Satis est, leges in Concilio Lateranensi V. in eam rem datas perlegere, et Constitutionem, quae deinceps a Leone X. fel. rec. Praedecessore Nostro fuit edita ne id, quod ad augmentum fidei ac bonarum artium propagationem salubriter est inventum, in contrarium convertatur, ac Christi fidelium saluti detrimentum pariat. Id quidem et Tridentinis Patribus maximae curae fuit, qui remedium tanto huic malo adhibuere edito saluberrimo decreto de Indice librorum, quibus impura doctrina contineretur, conficiendo. Pugnandum est acriter, inquit Clemens XIII. fel. rec. Praedecessor Noster in suis de noxiorum librorum proscriptione encyclicis litteris, pugnandum est acriter, quantum res ipsa efflagitat, et pro viribus tot librorum mortifera exterminanda pernicies: nunquam enim materia subtrahetur erroris, nisi pravitatis facinorosa elementa in flammis combusta depereant. Ex hac itaque constanti omnium aetatum solicitudine, qua semper Sancta haec Apostolica Sedes suspectos et noxios libros damnare, et de hominum manibus extorquere enisa est, patet luculentissime, quantopere falsa, temeraria, eidemque Apostolicae Sedi injuriosa, et foecunda malorum in Christiano Populo vigentium sit illorum doctrina, qui nedum censuram librorum veluti gravem nimis, et onerosam rejiciunt, sed eo etiam improbitatis progrediuntur, ut eam praedicent a recti juris principiis abhorrere, jusque illius decernendae, habendaeque audeant Ecclesiae denegare,

Da Wir aber erfahren haben, dass durch im Volke verbreitete Schriften gewisse Lehren kundgemacht werden, durch welche die gebührende Treue und Unterwürfigkeit gegen die Fürsten erschüttert wird und allenthalben die Frevel des Aufruhrs entflammt werden, muss man ganz besonders auf der Hut sein, dass die Völker nicht, dadurch verführt, vom rechten Wege abgelenkt werden. Alle mögen beherzigen, dass es nach der Erinnerung des Apostels keine Gewalt gibt ausser von Gott; die aber, welche besteht, ist von Gott angeordnet. Wer demnach sich der obrigkeitlichen Gewalt widersetzt, der widersetzt sich der Anordnung Gottes, und die sich dieser widersetzen, ziehen sich selbst Verdammniss zu. Darum ruft laut das göttliche und menschliche Recht gegen Jene, welche durch die schändlichen Umtriebe des Aufruhrs und der Aufstände von der Treue gegen die Fürsten abfallen und sie in ihrer Herrschaft zu beunruhigen streben.

Und es ist bekannt, dass gerade aus diesem Grunde, um sich nicht mit solcher Schändlichkeit zu beflecken, die alten Christen, selbst wenn die Verfolgungen wütheten, sich doch um den Kaiser und um die Sicherheit des Reiches wohlverdient machten, und dass sie das nicht blos durch ihre Treue in pünktlicher und williger Vollziehung alles dessen, was ihnen nicht im Widerspruche mit ihrer Religion aufgetragen wurde, sondern auch durch ihre Standhaftigkeit und selbst durch die Vergiessung ihres Blutes in den Schlachten auf das Klarste bewiesen haben. Die christlichen Soldaten (sagt der h. Augustinus) haben dem ungläubigen Kaiser gedient, wo es aber auf die Sache Christi ankam, anerkannten sie nur den, der im Himmel war. Sie unterschieden den ewigen Herrn von dem zeitlichen Herrn und doch waren sie wegen des ewigen Herrn

---

Cum autem circumlatis in vulgus scriptis doctrinas quasdam promulgari acceperimus, quibus debita erga Principes fides atque submissio labefactatur, facesque perduellionis ubique incenduntur: cavendum maxime erit, ne populi inde decepti a recti semita abducantur. Animadvertant omnes, non esse, juxta Apostoli monitum, potestatem nisi a Deo: quae autem sunt, a Deo ordinatae sunt. Itaque qui resistit potestati, Dei ordinationi resistit, et qui resistunt, ipsi sibi damnationem acquirunt. Quocirca et divina et humana jura in eos clamant, qui turpissimis perduellionis seditionumque machinationibus a fide in Principes desciscere, ipsosque ab imperio deturbare connituntur.

Atque hac plane ex causa, ne tanta se turpitudine foedarent veteres Christiani, saevientibus licet persecutionibus, optime tamen eos de Imperatoribus, ac de Imperii incolumitate meritos fuisse constat, idque nedum fide in iis, quae sibi mandabantur Religioni non contraria, accurate prompteque perficiendis, sed et constantia, et effuso etiam in praeliis sanguine luculentissime comprobasse. Milites Christiani, ait S. Augustinus, servierunt Imperatori infideli; ubi veniebatur ad causam Christi, non agnoscebant, nisi illum, qui in coelis erat. Distinguebant Dominum aeternum a Domino temporali, et tamen subditi erant propter Dominum aeternum etiam Domino

auch dem zeitlichen Herrn unterthan. Das hatte auch der unüberwindliche Märtyrer Mauritius, der Oberst der Thebanischen Legion, im Auge, als er, wie Eucherius erzählt, dem Kaiser Folgendes antwortete: Deine Soldaten sind wir, Kaiser, und doch, wie wir frei bekennen, Knechte Gottes .... und jetzt treibt uns diese äusserste Noth des Lebens nicht zur Rebellion. Siehe, wir tragen die Waffen und wir leisten keinen Widerstand, weil wir lieber sterben als tödten wollen. Diese Treue der alten Christen gegen die Fürsten glänzt um so herrlicher, wenn man mit Tertullian erwägt, dass es den Christen der damaligen Zeit nicht an Stärke der Zahl und der Truppen gefehlt hätte, wenn sie als Feinde sich hätten erheben wollen. „Von gestern sind wir, sagt er, und haben all das Eurige erfüllt, eure Städte, eure Inseln, eure Castelle, eure Municipien, eure Versammlungen und sogar eure Lager, eure Tribus, eure Decurien, euern Palast, euern Senat, euer Forum .... Zu welchem Kriege wären wir nicht tauglich, nicht bereit gewesen, selbst mit ungleichen Kräften, wir, die wir so gerne in den Tod gehen, wenn es bei dieser Lehre nicht weniger erlaubt wäre, zu tödten, als sich tödten zu lassen. ... Wenn wir als eine so grosse Zahl von Leuten uns von euch losgerissen und in einen fernen Winkel der Welt geflüchtet hätten, so hätte der Verlust so vieler Bürger eure Herrschaft in allweg mit Scham übergossen und durch den Abfall selbst bestraft. Ohne Zweifel wäret ihr über eure Vereinsamung erschrocken. .... Ihr hättet gesucht über wen ihr herrschet, mehr Feinde als Bürger wären euch geblieben, nun aber habt ihr weniger Feinde, wegen der Menge der Christen.

---

temporali. Haec quidem sibi ob oculos proposuerat Mauritius Martyr invictus, Legionis Thebanae Primicerius, quando uti S. Eucherius refert, haec respondit Imperatori: Milites sumus, Imperator, tui, sed tamen servi, quod libere confitemur, Dei. ... Et nunc non nos haec ultima vitae necessitas in rebellionem coegit, tenemus ecce arma, et non resistimus, quia mori, quam occidere satius volumus. Quae quidem veterum Christianorum in Principes fides eo etiam illustrior effulget, si perpendatur cum Tertulliano, tunc temporis Christianis non defuisse vim numerorum, et copiarum, si hostes exertos agere voluissent. Hesterni sumus, inquit ipse, et vestra omnia implevimus, Urbes, Insulas, Castella, Municipia, Conciliabula, Castra ipsa, Tribus, Decurias, Palatium, Senatum, Forum ... Cui bello non idonei, non prompti fuissemus, etiam impares copiis, qui tamen libenter trucidamur, si non apud istam disciplinam magis occidi liceret, quam occidere? Si tanta vis hominum in aliquem Orbis remoti sinum abrupissemus a vobis, suffudisset utique pudore Dominationem vestram tot qualiumcumque amissio civium immo et ipsa destitutione puniisset. Procul dubio expavissetis ad solitudinem vestram .... quaesivissetis, quibus imperaretis: plures hostes, quam cives vobis remansissent: nunc autem pauciores hostes habetis prae multitudine Christianorum.

Diese herrlichen Beispiele einer unerschütterlichen Unterwerfung unter die Fürsten, welche aus den heiligsten Geboten der christlichen Religion nothwendig hervorgingen, verdammen die verabscheuungswürdige Unverschämtheit und Gottlosigkeit Jener, welche von der verworfenen und zügellosen Begierde einer schamlosen Freiheit getrieben, ganz darauf ausgehen, alle Rechte der Fürsten zu erschüttern und umzustossen und den Völkern die Knechtschaft unter dem Scheine der Freiheit zu bringen. Dahin strebten auch die höchst ruchlosen und wahnsinnigen Anschläge der Waldenser, der Beguaden, der Wicleffiten und anderer derartiger Söhne Belials, welche der Schmutz und die Schmach des Menschengeschlechtes waren und darum so oft verdientermassen von diesem Apostolischen Stuhle mit dem Anathem belegt wurden. Und wahrlich aus keiner anderen Ursache strengen diese Betrüger alle ihre Kräfte an, als damit sie mit Luther frohlockend sich glückwünschen können, s i e s e i e n f r e i v o n A l l e m, und um das desto leichter und schneller zu erreichen, machen sie sich in der kecksten Weise an die schmählichsten Dinge.

Nichts Erfreulicheres könnten Wir der Religion und der fürstlichen Gewalt aus den Bestrebungen derjenigen vorhersagen, welche die Kirche vom Staate trennen und die gegenseitige Eintracht zwischen Kaiserthum und Priesterthum zerreissen wollen. Denn es ist bekannt, dass die Liebhaber der schamlosesten Freiheit jene Eintracht fürchten, welche immer der heiligen und der bürgerlichen Sache vortheilhaft und heilbringend war.

Und zu den übrigen bitteren Gründen, aus denen Wir bekümmert sind, und in der gemeinsamen Gefahr von einem ganz besondern Schmerz beängstigt werden, kommen noch gewisse Gesellschaften und bestimmte Vereine, von welchen, nachdem sie gewissermassen eine Kriegsschaar mit den Anhängern einer

---

Praeclara haec immobilis subjectionis in principes exempla, quae ex sanctissimis Christianae Religionis praeceptis necessario proficiscebantur, detestandam illorum insolentiam, et improbitatem condemnant qui projecta, effrenataque procacis libertatis cupiditate aestuantes, toti in eo sunt, ut jura quaeque Principatuum labefactent, atque convellant, servitutem sub libertatis specie populis illaturi. Huc sane scelestissima deliramenta, consiliaque conspirarunt Waldensium, Beguardorum, Wiclefistarum aliorumque hujusmodi filiorum Belial qui humani generis sordes, ac dedecora fuere, merito idcirco ab Apostolica hac Sede toties anathemate confixi. Nec alia profecto ex causa omnes vires intendunt veteratores isti, nisi ut cum Luthero ovantes gratulari sibi possint, liberos se esse ab omnibus: quod ut facilius celeriusque assequantur flagitiosiora quaelibet audacissime aggrediuntur.

Neque laetiora et Religioni, et Principatui ominari possemus ex eorum votis qui Ecclesiam a Regno separari, mutuamque Imperii cum Sacerdotio concordiam abrumpi discupiunt. Constat quippe, pertimesci ab impudentissimae libertatis amatoribus concordiam illam, quae semper rei et sacrae et civili fausta extitit ac salutaris.

At ad ceteras acerbissimas causas, quibus soliciti sumus, et in communi discrimine dolore quodam angimur praecipuo, accessere consociationes quaedam, statique

jeden, auch falschen Religion, eines jeden Cultus bilden, mit erheuchelter Verehrung gegen die Religion, in der That aber in der Sucht nach Neuerungen und um allenthalben Aufstände zu befördern, jede Art von Freiheit gepredigt wird, Unruhen gegen Kirche und Staat erregt werden, jede heilige Autorität angegriffen wird.

Das schreiben Wir an Euch, Ehrwürdige Brüder, mit gar betrübtem Herzen, vertrauen jedoch auf den, welcher den Winden gebietet und Ruhe schafft, damit Ihr mit dem Schilde des Glaubens bewehrt, tapfer die Schlachten des Herrn zu schlagen trachtet. Euch vornehmlich kommt es zu, wie eine Mauer gegen jede Erhebung wider die Wissenschaft Gottes zu stehen. Ziehet das Schwert des Geistes, welches das Wort Gottes ist, und es sollen von Euch Brot erhalten die, so nach Gerechtigkeit hungern. Berufen, fleissige Arbeiter im Weinberge des Herrn zu sein, trachtet nach dem Einen, arbeitet auf das Eine hin, jede bittere Wurzel aus dem Euch anvertrauten Boden auszurotten, dass nach Ertödtung jedes Samens der Laster die fröhliche Saat der Tugend auf demselben gedeihe. Jene vor Allem mit väterlicher Liebe umfassend, welche ihren Geist namentlich zu den heiligen Disciplinen und zu den philosophischen Fragen gewendet haben, sollt Ihr ihnen Ermahner und Veranlasser sein, dass sie nicht, auf die Kräfte ihres Verstandes allein unklugerweise sich stützend, vom Pfade der Wahrheit auf den Weg der Gottlosen abirren. Sie sollen eingedenk sein, dass Gott der Führer der Weisheit und der Leiter der Weisen ist, und dass es nicht möglich sei, Gott ohne Gott (kennen) zu lernen, der durch das Wort die Menschen die Erkenntniss Gottes lehrt. Es ist das Zeichen eines hoffärtigen oder vielmehr eines thörichten Menschen, die Geheimnisse des Glaubens, welche allen Verstand übersteigen, nach menschlichem Massstabe zu prüfen und

---

coetus, quibus, quasi agmine facto cum cujuscumque etiam falsae religionis ac cultus sectatoribus, simulata quidem in religionem pietate, vere tamen novitatis seditionumque ubique promovendarum cupidine, libertas omnis generis praedicatur, perturbationes in sacram et civilem rem excitantur, sanctior quaelibet auctoritas discerpitur.

Haec perdolenti sane animo, fidentes tamen in Eo, qui imperat ventis et facit tranquillitatem, scribimus ad Vos, Venerabiles Fratres, ut induti scutum fidei contendatis praeliari strenue praelia Domini. Ad vos potissimum pertinet, stare pro muro contra omnem altitudinem extollentem se adversus scientiam Dei. Exerite gladium spiritus, quod est verbum Dei, habeantque a vobis panem, qui esuriunt justitiam. Adsciti, ut sitis cultores navi in vinea Domini, id unum agite, in hoc simul laborate, ut radix quaelibet amaritudinis ex agro vobis commisso evellatur, omnique enecato semine vitiorum convalescat ibi seges laeta virtutum. Eos in primis affectu paterno complexi, qui ad sacras praesertim disciplinas, et ad philosophicas quaestiones animum appulere, hortatores, auctoresque iisdem sitis, ne solius ingenii sui viribus freti imprudenter a veritatis semita in viam abeant impiorum. Meminerint, Deum esse sapientiae ducem, emendatoremque sapientium, ac fieri non posse, ut sine Deo Deum discamus, qui per verbum docet homines scire Deum. Superbi, seu potius insipientis hominis est, fidei mysteria quae exsuperant omnem sensum, humanis examinare

unserer menschlichen Vernunft zu vertrauen, welche nach der Beschaffenheit der menschlichen Natur schwach und krank ist.

Uebrigens mögen diesen gemeinsamen Wünschen für die Sicherheit der Kirche und des Staates Unsere in Christo geliebtesten Söhne die Fürsten ihre geneigte Hilfe und ihre Autorität leihen, welche sie als nicht blos zur Regierung der Welt, sondern hauptsächlich zum Schutze der Kirche ihnen übertragen betrachten wollen. Sie mögen fleissig daran denken, dass für ihre Herrschaft und Ruhe geschehe, was immer zum Besten der Kirche gearbeitet wird; ja sie mögen sich überzeugen, dass ihnen die Sache des Glaubens mehr gelten müsse als die des Reiches, únd sie müssen, wie Wir mit dem heil. Papste Leo sprechen, erwägen, dass es etwas Grosses sei, wenn zu ihrem Diademe aus der Hand Gottes auch die Krone des Glaubens gefügt wird. Gesetzt als Väter und Vormünder der Völker werden sie ihnen wahre, beständige, reichliche Ruhe und Frieden verschaffen, wenn sie ihre Sorge hauptsächlich darauf wenden, dass unversehrt sei die Religion und die Frömmigkeit gegen Gott, auf dessen Lenden geschrieben steht: König der Könige und Herr der Herrscher.

Damit aber das Alles gedeihlich und glücklich geschehen möge, wollen Wir Augen und Hände zur allerseligsten Jungfrau Maria erheben, welche allein alle Häresien vernichtet hat, und Unser grosses Vertrauen, ja der einzige Grund Unserer Hoffnung ist. Durch ihren Schutz wolle sie in so grosser Bedrängniss der Heerde des Herrn Unseren Bemühungen, Absichten und Handlungen einen glücklichen Ausgang erflehen. Dass erbitten Wir auch von dem Apostelfürsten Petrus und seinem Mitapostel Paulus in demüthigem Gebete, auf dass Ihr wie eine Mauer stehen mögt, damit kein anderes Fundament gelegt

---

ponderibus, nostraeque mentis rationi confidere, quae naturae humanae conditione, debilis est, et infirma.

Ceterum communibus hisce votis pro rei et sacrae, et publicae incolumitate, Carissimi in Christo Filii Nostri Viri Principes sua faveant ope, et auctoritate, quam sibi collatam considerent non solum ad mundi regimen, sed maxime ed Ecclesiae praesidium. Animadvertant sedulo, pro illorum imperio et quiete geri quidquid pro Ecclesiae salute laboratur; imo pluris sibi suadeant fidei causam esse debere, quam Regni, magnumque sibi esse perpendant, dicimus cum Leone Pontifice, si ipsorum diademati de manu Domini etiam fidei addatur corona. Positi quasi parentes, et tutores populorum, veram, constantem, opulentam iis quietem parient, et tranquillitatem, si in eam potissimum curam incumbant, ut incolumis sit Religio et pietas in Deum, qui habet sriptum in femore: Rex Regum, et Dominus dominantium.

Sed ut omnia haec prospere ac feliciter eveniant, levemus oculos manusque ad Sanctissimam Virginem Mariam, quae sola universas haereses interemit, Nostraque maxima fiducia, imo tota ratio est spei Nostrae. Suo Ipsa patrocinio in tanta Dominici gregis necessitate studiis, consiliis, actionibusque Nostris exitus secundissimos imploret. Id et ab Apostolorum Principe Petro, et ab ejus Coapostolo Paulo humili prece efflagitemus, ut stetis omnes pro muro, ne funda-

werde, als das was gelegt ist. Auf diese frohe Hoffnung gestützt, vertrauen Wir, der Urheber und Vollender des Glaubens, Jesus Christus, werde uns endlich Alle in den Trübsalen trösten, die uns gewaltig heimgesucht haben, und als Unterpfand der Hilfe des Himmels ertheilen Wir Euch, Ehrwürdige Brüder, und den Eurer Sorge anvertrauten Schafen liebevoll den Apostolischen Segen.

Gegegeben zu Rom bei Santa Maria Maggiore am fünfzehnten August, dem Feste der Himmelfahrt der allerseligsten Jungfrau Maria im Jahre des Herrn Eintausend achthundert zweiunddreissig, Unseres Pontificats im zweiten.

---

mentum aliud ponatur praeter id, quod positum est. Hac jucunda spe freti, confidimus, Auctorem consummatoremque fidei Jesum Christum consolaturum tandem esse nos omnes in tribulationibus, quae invenerunt Nos nimis, coelestisque auxilii auspicem Apostolicam Benedictionem, vobis, Venerabiles Fratres, et ovibus vestrae curae traditis peramanter impertimus.

Datum Romae apud S. Mariam Majorem XVIII Calendas Septembris die solemni Assumptionis ejusdem B. V. Mariae Anno Dominicae Incarnationis MDCCCXXXII, Pontificatus Nostri Anno II.

VIII.

Wenn man die voranstehende Encyclica mit dem ersten Actenstücke Clemens XII. gegen die Freimaurer vergleicht, so erhält man den Eindruck, als sähe man das anfänglich kleine Bächlein des Verderbens allmälig zum reissenden Strome und endlich zum alles überfluthenden Meere herangewachsen. „Es frohlockt die hurtige Gottlosigkeit," ruft Gregor XVI. aus, „es frohlockt die unverschämte Wissenschaft, die zügellose Frechheit!" Dann beklagt er die Verachtung der heiligsten Dinge, die Schmähung, Profanirung und Verspottung des Gottesdienstes, die Verfälschung der gesunden Lehre, die Ausstreuung von Irrthümern aller Art, die Missachtung aller Gesetze und Rechte, der heiligsten Einrichtungen und Disciplinen durch kecke und gottlose Reden, die bittere Verfolgung des h. Stuhles, die Bekämpfung der göttlichen Autorität der Kirche, die Staatsallmacht, welche die Rechte desselben mit Füssen tritt und sie menschlichen Einrichtungen unterwirft, die gottlose Gesinnung, welche sie dem Hasse der Völker preisgibt und in schimpfliche Sclaverei bringt, den Bruch des Gehorsams gegen die Bischöfe und die Missachtung ihrer Rechte, die Verführung der Jugend auf den Academien und Gymnasien, den offenen Krieg gegen die Kirche, die ungeheure Niederlage der Religion und die furchtbare Sittenverderbniss, den Untergang der öffentlichen Ordnung, die Erschütterung des fürstlichen Ansehens und die Umwälzung jeder rechtmässigen Gewalt. Als die hauptsächlichste Quelle dieses grossen Zusammenflusses von Calamitäten bezeichnet Gregor XVI. die Verschwörung jener Gesellschaften, in welche Alles, was in den Häresien und in den verruchtesten Secten Sacrilegisches, Schändliches und Blasphemisches ist, wie in eine Cloake mit allem Schmutze zusammengeflossen ist.

Dann fasst der grosse Papst die Schäden und Wunden der christlichen Gesellschaft einzeln in's Auge, um die Bischöfe aufzufordern, ihm zur Heilung derselben behilflich zu sein; vor allen Dingen ermahnt er sie, gegen jede Neuerung auf ihrer Hut zu sein und darüber zu wachen, dass Nichts von dem, was ordnungsmässig definirt ist, vermindert, Nichts geändert, Nichts hinzugefügt werde, sondern dass Alles den Worten und dem Sinne nach unversehrt bewahrt werde. Insbesondere mögen sie an der Einheit mit dem h. Stuhle festhalten und ihre Heerde in derselben erhalten. Die Priester ermahnt sodann der Papst, den Bischöfen unterthan zu sein und sie wie ihre geistlichen Väter aufzunehmen. Weiter ermahnt Gregor XVI. zum Festhalten an der kirchlichen Disciplin und verdammt die Behauptungen derjenigen,

welche sagen, sie widerspreche gewissen Principien des Naturrechtes, sei mangelhaft und unvollkommen und der weltlichen Autorität unterworfen. Weiter verdammt er das Verlangen der Neuerer nach einer sogenannten Wiederherstellung und Wiedergeburt der Kirche, welches nichts anderes bezwecke, als die Kirche zu einer menschlichen Einrichtung herabzuwürdigen. Sodann wendet sich der Papst gegen die Cölibatsstürmer, welche damals zum Scandal aller guten Katholiken die Fürsten um Aufhebung des Coelibats baten, und fordert die Bischöfe auf, den Coelibat aufrecht zu erhalten, in Schutz zu nehmen und zu vertheidigen. Hierauf erhebt Gregor XVI. seine Stimme für die Heiligkeit des Sacramentes der Ehe und für die Unauflöslichkeit des Ehebandes, denn die geheimen Gesellschaften hatten es begreiflicher Weise nicht unterlassen, das heiligste aller Bande durch ihre verderblichen Grundsätze zu lockern und in der Familie die Grundlage der Gesellschaft zu vergiften.*)

---

*) Auch Pius VIII. schärft in seiner Encyclica vom 24. Mai 1829 die Heiligkeit und Unauflöslichkeit des Ehebandes mit folgenden Worten ein:

At pro temporum, quae nacti sumus, ratione id insuper quam maxime vestro de animarum salute studio commendandum ducimus, ut nimirum de matrimonii sanctitate solliciti eam erga ipsum gregi vestro injiciatis religionem, ut nihil plane quod magni hujus sacramenti dignitati detrahat, quod immaculatum thorum dedeceat, nihil demum, quod de perpetuo connubii vinculo dubium inferat, patrari unquam contingat: id porro fiet unice si non humana tantum ex lege, sed ex divina regi ipsum debere, ac non terrenis, sed sacris rebus ipsum accensendum esse ideoque Ecclesiae omnino subüci, christianus populus accurate edoceatur. Quae enim maritalis coniunctio antea non alio spectabat quam ut stirpem ex se gigneret, in aevumque proferret, ea nunc a Christo Domino sacramenti dignitate aucta, et coelestibus ditata muneribus, gratia perficiente naturam, non tam procreare ex se sobolem gaudet, quam educare illam Deo, et divinae religioni, atque ita veri Numinis cultores propagare adnititur. Constat enim, matrimonii hac conjunctione cujus Deus auctor est, perpetuam ac summam Christi Domini cum Ecclesia conjunctionem significari, et arctissimam hanc viri uxorisque societatem Sacramentum esse, id est sacrum signum immortalis amoris Christi erga suam Sponsam. Ita erga populos instrui opus est, et quae Ecclesiae regulis Conciliorumque decretis sancita quaeque damnata sunt, explicari iisdem, ut quae ad vim Sacramenti pertinent, ea perficiant, nec quae Ecclesia detestata est, audeant ipsi attentare; idque qua estis pietate, doctrina ac diligentia praediti, ut praestetis, ab Vestra religione quantum possumus vehementissime exposcimus." — Aber bei den Zeitläufen, in denen Wir leben, glauben Wir überdiess Eurem Eifer für das Heil der Seele das ganz besonders anempfehlen zu sollen, dass Ihr nämlich um die Heiligkeit der Ehe besorgt, Eurer Heerde eine gewissenhafte Achtung gegen dieselbe einflösset, damit nie etwas geschehe, was der hohen Würde dieses Sacramentes abträglich wäre, Nichts, was das unbefleckte Ehebett schänden würde, Nichts endlich, was einen Zweifel an dem beständigen Bande der Ehe aufkommen liesse. Das aber wird einzig und allein dann geschehen, wenn das christliche Volk darüber genau belehrt wird, dass die Ehe nicht blos durch das menschliche Gesetz, sondern durch das göttliche geregelt werden müsse, und nicht den irdischen, sondern den heiligen Dingen beizuzählen und darum durchaus der Kirche unterworfen sei. Denn die eheliche Verbindung, welche früher nichts anderes bezweckte, als Nachkommenschaft zu erzeugen und immerwährend fortzupflanzen, er-

Sodann wendet sich die Encyclica gegen den **Indifferentismus**, welchen sie die reichlichste Quelle der Uebel unserer Zeit nennt, nämlich gegen jene verderbte Ansicht, als könne man in jedem Glaubensbekenntnisse selig werden, wenn man nur **rechtschaffen** und **ehrbar** lebe. *) Diesen Indiffe-

freut sich jetzt, da sie von Christus dem Herrn zur Würde des Sacramentes erhoben und mit himmlischen Gaben bereichert ist, indem die Gnade die Natur vervollkommt, nicht so sehr an der Erzeugung von Nachkommenschaft, als an ihrer Erziehung für Gott und für die göttliche Religion, und strebt so, Verehrer des wahren Gottes fortzupflanzen. Denn es ist bekannt, dass durch diese eheliche Verbindung, deren Urheber Gott ist, die beständige und höchste Verbindung Christi des Herrn mit der Kirche bedeutet wird, und dass diesse innigste Gesellschaft des Mannes und der Frau ein Sacrament sei, d. h. das geweihte Zeichen der unsterblichen Liebe Christi gegen seine Braut. So muss man also die Völker belehren und ihnen auseinander setzen, was durch die Regeln der Kirche und die Decrete der Concilien sanctionirt und was verdammt ist, damit sie vollbringen, was zur Kraft des Sacramentes gehört und nichts zu unternehmen wagen, was die Kirche verabscheut, und das verlangen Wir von Eurer Gewissenhaftigkeit mit aller Uns zu Gebote stehenden Kraft, auf dass Ihr es mit aller Frömmigkeit, Gelehrsamkeit und Sorgfalt leisten möget.

*) Auch Leo XII. verbreitet sich in seiner Encyclica vom 3. Mai 1824 über die verschiedenen Formen des religiösen Indifferentismus. Die denkwürdige Stelle lautet: *Secta quaedam, Vobis certe non ignota, Philosophiae nomen immerito sibi usurpans, inordinatas omnium propemodum errorum phalangas e cineribus excitavit. Haec siquidem blandam pietatis et liberalitatis speciem praeseferens **Tolerantismum** (sic enim aiunt) seu **Indifferentismum** profitetur, atque extollit non modo in rebus civilibus, de quo non est Nobis sermo, verum etiam in religionis negotio, docens, amplam unicuique libertatem a Deo factam esse, ut quae cuique secta juxta suum privatum judicium, vel opinio arriserit, eam quisque sine salutis periculo amplecti, vel adoptare valeat. Contra quam delirantium hominum impietatem sic nos monet Apostolus Paulus (Rom. XVI): „Rogo autem vos, Fratres, ut observetis eos, qui dissensiones et offendicula praeter doctrinam, quam didicistis, faciunt, et declinate ab illis. Hujuscemodi enim Christo Domino Nostro non serviunt „sed suo ventri, et per dulces sermones et benedictiones seducunt corda innocentium." Equidem, non novus hic error, sed novo et audaciori modo nostris hisce temporibus adversus Catholicae fidei firmitatem et integritatem debacchatur. Refert namque ex Rhodone Eusebius (Lib. V. Hist. Eccl.), insaniam hanc jam prolatam fuisse ab Appelle quodam secundi saeculi haeretico asserente, „non esse omnino examinandam fidem sed unumquemque in ea quod semel imbibisset, perstare oportere. Quippe eos qui in Crucifixo spem suam collocassent, servandos esse affirmabat (Appelles), dummodo in bonis operibus deprehenderentur." Retorius quoque, teste Augustino (de Haeres. n. 72) omnes haereticos recte ambulare, et vera dicere effutiebat. **Quod ita est absurdum**, subdit S. Pater, **ut mihi incredibile videatur**. Porro Indifferentismus iste adeo percrebuisse et grassare dignoscitur, ut non solum sectas omnes, quae extra Catholicam Ecclesiam sunt, et revelationem tamquam basim et fundamentum oretenus admittunt, sed illas etiam societates quae, spreta Divina revelatione, purum **Deismum**, immo purum **Naturalismum** profitentur, illas quoque omnes recte **ambulare** impudenter contendat. Res absurda certe, idque jure ac merito, Indifferentismus Retorii S. Augustino visus est, et tamen quibusdam limitibus continebatur. At quae Tollerantia ad Deismum etiam, et Naturalismum extenditur, quae antiquis quo-*

rentismus bezeichnet Gregor XVI. als die stinkende Quelle eines anderen Irrthums, nämlich der **allgemeinen Gewissensfreiheit**, welcher er die Worte des h. Augustinus entgegenhält: „**Was kann es für einen schlimmern Tod der Seele geben, als die Freiheit des Irrthums?**"

que haereticis improbata fuit, probari ne unquam poterit ab homine ratione utente? Attamen (heu tempora! heu mendax philosophia!) ab hujusmodi pseudo-philosophis probatur, defenditur, commendatur. — Sane non defuerunt plures egregii Scriptores, qui veram philosophiam professi monstrum hoc data opera conterere invictis argumentis aggressi sunt. Sed res est adeo per se evidens, impossibile esse, Deum summe veracem, ipsam immo summam veritatem, optimum, ac sapientissimum Provisorem, bonorumque Remuneratorem sectas omnes falsa dogmata, et saepe inter se pugnantia ac contradictoria dictantes approbare, easque profitentibus aeterna praemia largiri, ut supervacaneum sit de his plura contexere. Habemus enim **firmiorem propheticum sermonem,** *vobisque scribentes* **sapientiam** *loquimur* **inter perfectos; sapientiam vero non hujus saeculi, sed Dei sapientiam in mysterio,** *qua nempe edocemur, ac divina fide tenemus* **unum Dominum, unam fidem, unum baptisma, nec aliud nomen sub coelo datum esse hominibus, praeter nomen Jesu Christi Nazareni, in quo oporteat nos salvos fieri; quare et profitemur, extra Ecclesiam non esse salutem. —** *Verum:* **Oh altitudo divitiarum sapientiae et scientiae Dei! Oh incomprehensibilia judicia ejus!** *Deus, qui perdit sapientiam sapientum (I. Cor. I), Ecclesiae suae inimicos supernaturalem revelationem spernentes tradidisse videtur in reprobum sensum (Rom. I, 28), et in mysterium illud iniquitatis, quod scriptum erat in fronte procacis foeminae, de qua Joannes (Apoc. I, 5). Enimvero quae major iniquitas, quam superbos ejusmodi non solum a vera Religione descivisse sed etiam omnigeno cavillationum genere, verbis, et scriptis plenis omni dolo, velle incautos irretire? Exurgat Deus, et hanc loquendi, scribendi, scriptaque vulgandi effraenem licentiam cohibeat, perdat et ad nihilum redigat."* — Eine gewisse Euch sicher nicht unbekannte Secte, welche sich unrechtmässiger Weise den Namen der Philosophie anmasst, hat die ungeordneten Schaaren fast aller Irrthümer aus ihren Gräbern hervorgerufen, denn sie bekennt sich, den schmeichlerischen Namen der **Frömmigkeit** und **Freisinnigkeit** zur Schau tragend, zum **Tolerantismus** (so nennen sie es nämlich) oder zum **Indifferentismus,** und erhebt sich nicht nur in den weltlichen Dingen, über welche Wir hier nicht sprechen, sondern auch in der Angelegenheit der Religion, indem sie lehrt, Jedem sei von Gott eine umfassende Freiheit zu Theil geworden, dass er die Secte oder die Ansicht, welche ihm nach seinem **Privaturtheil** gefällt, ohne Gefahr für sein Heil annehmen dürfe. Vor dieser Gottlosigkeit wahnsinniger Menschen warnt uns der Apostel Paulus also: „Ich bitte euch aber, Brüder, dass ihr Euch in Acht nehmet vor denen, welche **Trennung** und **Aergernisse** anrichten wider die Lehre, die ihr gelernet habt, und **meidet sie,** denn dergleichen Menschen dienen nicht unserem Herrn Jesu Christo, sondern ihrem Bauche; und mit süssen Worten und Schmeicheleien verführen sie die Herzen der Arglosen." Das ist also kein neuer Irrthum, aber er tritt in unseren Tagen auf eine neue und keckere Weise gegen die Festigkeit und Unversehrtheit des katholischen Glaubens auf. Denn Eusebius erzählt nach Rhodon, dass dieser Wahnsinn schon von einem gewissen Apelles, einem Häretiker des 2. Jahrhunderts, vorgebracht wurde, welcher versicherte, „man habe durchaus nicht nach dem Glauben zu fragen, sondern jeder müsse in dem Glauben bleiben, den er einmal eingesogen habe. Er behauptete also, dass diejenigen, welche ihre Hoffnung auf den Gekreuzigten setzten, gerettet werden müssen, wenn sie nur bei

Nach der Gewissensfreiheit wendet sich die Encyclica gegen die unbeschränkte Pressfreiheit und gegen die Behauptung Jener, welche da sagen: die Presse heile die Wunden, welche sie geschlagen, selbst. Anknüpfend an den insbesondere durch die Pressfreiheit verbreiteten und beförderten Geist der Empörung und guten Werken erfunden werden. Auch Rhetorius schwatzte nach dem Zeugnisse des heiligen Augustinus: alle Ketzer wandeln rechtschaffen und reden Wahres; das ist so abgeschmackt, fügt der heil. Kirchenvater bei, dass es mir unglaublich scheint. Dieser Indifferentismus hat nun bekanntlich so sehr überhandgenommen, und grassirt so, dass er unverschämter Weise behauptet, nicht nur alle Secten, die ausserhalb der katholischen Kirche sind und die Offenbarung als Grundlage und Fundament annehmen, sondern auch jene Gesellschaften, welche mit Verachtung der göttlichen Offenbarung einen reinen Deismus, ja einen reinen Naturalismus bekennen, wandeln ebenfalls alle rechtschaffen. Der Indifferentismus des Rhetorius erschien dem h. Augustinus gewiss mit Recht und verdientermassen als eine abgeschmackte Sache, und doch hielt er sich in gewissen Grenzen. Aber kann die Toleranz, die sich auch auf den Deismus und Naturalismus erstreckt, und welche auch die alten Häretiker missbilligten, je von einem Menschen, der seine Vernunft gebraucht, gebilligt werden? Und doch wird sie (o Zeiten! o lügnerische Philosophie!) von solchen Pseudo-Philosophen gebilligt, vertheidigt, empfohlen. Freilich fehlte es nicht an mehreren ausgezeichneten Schriftstellern, die, zur wahren Philosophie sich bekennend, daran gingen, dieses Ungeheuer mit unüberwindlichen Argumenten zu zermalmen. Aber es ist an und für sich so augenscheinlich, dass der höchst wahrhaftige Gott, ja die höchste Wahrheit selbst, die beste und weiseste Vorsehung und der Belohner des Guten, unmöglich alle Secten, welche falsche und oft untereinander widerstreitende und widersprechende Dogmen verkünden, billigen, und denjenigen, welche sich zu ihnen bekennen, ewigen Lohn spenden könne, dass es überflüssig ist, mehr darüber zu sagen. Denn wir haben noch ein festeres, das prophetische Wort, und indem Wir Euch schreiben, lehren Wir Weisheit unter den Vollkommenen, aber nicht Weisheit dieser Welt, sondern Gottes Weisheit, die geheimnissvolle, durch welche wir nämlich belehrt werden, und im göttlichen Glauben festhalten, Ein Herr, Ein Glaube, Eine Taufe sei, und kein anderer Name sei den Menschen unter dem Himmel gegeben, ausser dem Namen Jesu Christi von Nazareth, in welchem wir selig werden sollen; darum bekennen wir auch, ausser der Kirche gebe es kein Heil — wahrlich: O Tiefe des Reichthumes, der Weisheit und Erkenntniss Gottes! wie unbegreiflich sind deine Gerichte! Gott, der die Weisheit der Weisen vernichtet, scheint die Feinde seiner Kirche, welche die übernatürliche Offenbarung verachten, dem verwerflichen Sinne überlassen zu haben und jenem Geheimniss der Bosheit, welches auf der Stirne des unzüchtigen Weibes geschrieben war, von welchem Johannes spricht. Denn welche Bosheit ist grösser, als dass solche Hoffärtige nicht blos von der wahren Religion abgefallen sind, sondern auch durch Spöttereien aller Art, durch Worte und Schriften alles Truges voll die Unvorsichtigen verlocken wollen? Es erhebe sich Gott und thue dieser zügellosen Frechheit im Reden, Schreiben und Veröffentlichen von Schriften Einhalt! Er zerstöre und vernichte sie."

Nicht minder wirksam schreibt Pius VIII. in der Encyclica vom 24. Mai 1829: *„Huc spectat teterrima Sophistarum hujus aetatis machinatio, qui nullum inter diversas fidei professiones discrimen admittunt omnibusque aeternae salutis portum ex religione qualibet patere arbitrantur, ac levitatis idcirco, et stultitiae nota ejus inurunt, qui religione, quam didicerat, abiecta, aliam qualemcumque, etiam Catholicam,*

des Aufruhrs schärft Gregor XVI. dann den **Gehorsam gegen die Fürsten und gegen die rechtmässige Obrigkeit** ein, indem er auf das Beispiel der ersten Christen verweist, welche den heidnischen Kaisern, ihren grausamen Verfolgern, selbst dann noch unterthan waren, als sie an Zahl bereits so sehr erstarkt waren, dass sie durch eine Empörung leicht die Herrschaft des Kaisers hätten stürzen können. Hierauf wendet sich die Encyclica gegen das Verlangen der **Trennung der Kirche vom Staate** und kommt endlich wieder auf die geheimen Gesellschaften zurück, welche jede kirchliche und staatliche Ordnung bekämpfen, als wollte er diese Gesellschaften damit als den Ausgangs- und als den Endpunkt all' der geschilderten Uebel bezeichnen. Dann folgen Ermahnungen an die Bischöfe, das Unkraut aus dem Ackerfelde des Herrn auszurotten, und an die Fürsten, durch den Schutz, welchen sie der Religion angedeihen lassen, für das Wohl ihrer Völker und ihrer Staaten zu sorgen.

---

amplectantur. Horrendum sane impietatis monstrum, quo eadem veritati et errori, virtuti et vitio, honestati et turpitudini laus, ac praerogativa justi rectique adscribitur. Hoc nimirum lethale est de religionum in differentia systema vel ipso naturalis rationis lumine explosum, qua admonemur, ex religionibus, quae simul haud conveniant, si una vera sit, alteram necessario falsam esse, nullamque extare posse tenebrarum cum luce societatem. Adversus hosce veteratores edocendi sunt populi, Venerabiles Fratres, catholicae fidei professionem unice veram esse adclamante Apostolo unum Dominum, unum baptisma (Eph. IV, 5); profanum ideo esse, uti inquiebat Hieronymus (Ep. 37 ad Damas.), qui extra hanc domum agnum comedat, et periturum regnante diluvio, qui in arca Noe non fuerit. Neque enim praeter nomen Jesu aliud nomen hominibus datum est, in quo nos oporteat salvos fieri (Act. IV. 12); et qui crediderit, salvus erit; qui non crediderit, condemnabitur (Marc. XVI. 16)." — „Daher gehört die höchst schändliche Erfindung der Sophisten dieser Zeit, welche keinen Unterschied zwischen den verschiedenen Glaubensbekenntnissen zugeben und meinen, Allen stehe der Hafen der ewigen Seligkeit von jeder Religion aus offen, und welche darum diejenigen, welche die Religion, in der sie erzogen wurden, verlassen, und eine andere, wäre es auch die katholische, annehmen, mit der Mackel des Leichtsinns und der Thorheit brandmarken. Wahrlich ein abscheuliches Ungeheuer der Gottlosigkeit, durch welches der Wahrheit und dem Irrthum, der Tugend und dem Laster, der Ehrbarkeit und der Schändlichkeit dasselbe Lob und das Vorrecht des Rechten und des Rechtschaffenen zugeschrieben wird. Das ist nämlich das tödtliche System von der Gleichgiltigkeit der Religionen, welches durch das Licht der natürlichen Vernunft selbst verworfen wird, die uns erinnert, dass, wenn unter den Religionen, die nicht miteinander übereinstimmen, die eine wahr ist, die andere nothwendig falsch sein müsse und dass es keine Gemeinschaft des Lichtes mit der Finsterniss geben könne. Gegen diese Betrüger sind die Völker zu belehren, Ehrwürdige Brüder, nur das katholische Glaubensbekenntniss allein sei wahr, da uns der Apostel zuruft: Ein Herr, Eine Taufe; unheilig sei also, wie Hieronymus sagte, Derjenige, der ausserhalb dieses Hauses das Lamm esse, und umkommen werde in der herrschenden Sündfluth, wer nicht in der Arche Noe sei. Denn ausser dem Namen Jesu ist den Menschen kein anderer Namen gegeben, wodurch wir selig werden sollen, und wer da glaubt, der wird selig werden, wer aber nicht glaubt, der wird verdammt werden."

IX.

Dies der Inhalt der berühmten Encyclica *Mirari vos*, in welcher der Papst der durch die geheimen Gesellschaften entchristlichten Welt einen Spiegel vorhielt, in dem sie sich zu ihrem Entsetzen als das erkannte, was sie war. Aber ihre Hoffart liess es nicht zu, was sie erkannte, auch zu bekennnen, und statt sich von ihren verderbten Wegen zu bekehren, erhob sie ein furchtbares Geschrei, um die unbequeme Stimme der Wahrheit zu ersticken und fuhr fort auf der Bahn zu wandeln, die zum Abgrund führt, dem die geheimen Gesellschaften sie immer näher brachten. Wieder und wieder sah sich der Apostolische Stuhl, der Sitz und der Mittelpunkt der Wahrheit, in welchem die Stimme der Wahrheit niemals verstummt, genöthigt, das Treiben der geheimen Gesellschaften zu verdammen, und er that dies wiederholt durch den Mund des Nachfolgers Gregors XVI., des glorreich regierenden Papstes Pius IX., welcher bei verschiedenen feierlichen Gelegenheiten seine Stimme gegen die geheimen Gesellschaften erhob. Schon in seiner Antritts-Encyclica vom 9. November 1846 schreibt er: Daher (das heisst zu den Schäden der Zeit) gehören auch *clandestinae illae sectae e tenebris ad rei tum sacrae tum publicae exitium et vastitatem emersae, atque Romanis Pontificibus Decessoribus Nostris iterato anathemate damnatae suis Apostolicis litteris, quas Nos Apostolicae Nostrae potestatis plenitudine confirmamus, et diligentissime servari mandamus,* „jene geheimen Secten, welche zum Verderben und zur Verwüstung der Kirche sowohl als des Staates aus der Finsterniss emporgestiegen und von den römischen Päpsten, Unsern Vorgängern, in ihren Apostolischen Briefen mit wiederholtem Anathem verdammt worden sind, die Wir aus Unserer apostolischen Machtfülle bestätigen und sorgfältig beobachtet wissen wollen."

In derselben Encyclica heisst es ferner: *Neminem Vestrum latet, Venerabiles Fratres, hac nostra deploranda aetate acerrimum ac formidolosissimum contra catholicam rem universam bellum ab iis hominibus conflari, qui nefaria inter se societate conjuncti, sanam non sustinentes doctrinam atque a veritate auditum avertentes, omnigena opinionum portentae tenebris eruere, eaque totis viribus exaggerare atque in vulgum prodere, et disseminare contendunt. Horrescimus quidem animo, et acerbissimo dolore conficimur, cum omnium errorum monstra et varias multiplicesque nocendi artes, insidias, machinationes mente recogitamus, quibus hi veritatis*

et lucis osores, et peritissimi fraudis artifices omne pietatis, justitiae, honestatis studium in omnium animis restinguere, mores corrumpere, jura quaeque divina et humana perturbare, catholicam religionem civilemque societatem convellere, labefactare, immo si fieri umquam posset, funditus evertere, commoliuntur.

„Niemand von Euch ist es verborgen, Ehrwürdige Brüder, dass in dieser unserer beklagenswerthen Zeit ein höchst erbitterter und grausamer Krieg gegen die ganze katholische Sache von jenen Leuten geschürt werde, welche, durch eine ruchlose Gesellschaft untereinander verbunden, die gesunde Lehre nicht ertragend und ihr Ohr von der Wahrheit abwendend, allerlei ungeheuerliche Meinungen aus der Finsterniss auszugraben, sie mit allen Kräften aufzuwerfen und unter das Volk zu bringen und auszustreuen trachten. Wir erschaudern in der Seele und werden vom bittersten Schmerz verzehrt, wenn Wir alle Ungeheuer der Irrthümer und die verschiedenartigen und vielfachen schädlichen Ränke, Nachstellungen und Umtriebe im Geiste überdenken, mit welchen diese Hasser der Wahrheit und des Lichtes und diese höchst erfahrenen Ränkeschmiede jedes Streben nach Frömmigkeit, Gerechtigkeit und Ehrbarkeit in allen Herzen auszulöschen, die Sitten zu verderben, alle göttlichen und menschlichen Rechte zu verwirren, die katholische Religion und die bürgerliche Gesellschaft umzuwälzen, zu erschüttern, ja wenn es irgendwie möglich wäre, von Grund aus umzustürzen sich bemühen.

Auch in der Allocution vom 20. April 1849 verdammt Pius IX. die geheimen Gesellschaften; *nemini ignotum est,* sagt er, *quae tenebricosissimae atque perniciosissimae societates et sectae a fabricatoribus mendacii, et perversorum dogmatum cultoribus fuerint variis temporibus coactae et institutae ac variis nominibus appellatae, quo eorum deliramenta, systemata, molimina in aliorum animos tutius instillarent, incautorum corda corrumperent, ac latissimam quibusque sceleribus impune patrandis viam munirent. Quas abominabiles perditionis sectas non solum animarum saluti, verum etiam civilis societatis bono et tranquillitati vel maxime infestas, atque a Romanis Pontificibus Decessoribus Nostris damnatas Nos ipsi jugiter detestati sumus, ac Nostris Encyclicis Litteris die 9. Novembris Anno 1846 ad universos Catholicae Ecclesiae Antistites datis condemnavimus, et nunc pariter suprema Nostra Apostolica auctoritate iterum damnamus, prohibemus, atque proscribimus.* „Es ist Niemanden unbekannt, was für finstere und höchst verderbliche Gesellschaften und Secten von den Lügenfabrikanten und den Anhängern verkehrter Dogmen zu verschiedenen Zeiten zusammengebracht, eingerichtet und mit verschiedenen Namen benannt worden sind, um ihre wahnsinnigen Systeme und Umtriebe den Seelen Anderer sicherer einzuträufeln, die Herzen der Unvorsichtigen zu verderben und den breitesten Weg zur Begehung aller Verbrechen zu sichern. Diese nicht blos dem Seelenheile, sondern auch der Wohlfahrt und der Ruhe der bürgerlichen Gesellschaft im höchsten Grade feindlichen und von den römischen Päpsten, Unseren Vorgängern verdammten abscheulichen Secten der Verderbniss haben auch Wir gebührend verabscheut und in Unserer Encyclica vom 9. November 1846 an alle Bischöfe der

katholischen Kirche verdammt, und verdammen, verbieten und ächten sie auch jetzt wieder in gleicher Weise kraft Unserer Apostolischen Autorität."

Unmittelbar vor dieser Stelle wendet sich Pius IX. in derselben Allocution mit ernsten Worten gegen eine Verläumdung seiner Person. Während nämlich die früheren Freimaurer sich damit begnügten, die Wirksamkeit älterer päpstlicher Constitutionen zu läugnen, ging die Frechheit der neueren Secten so weit, dass sie die Lüge ausstreuten, Pius IX. sei in seiner Jugend selbst Mitglied einer geheimen Gesellschaft gewesen und habe den Eid als solches geleistet, und erst vor Kurzem wurde diese Lüge wieder aufgewärmt. Die Worte mit welchen Pius IX. sich gegen diese schändliche Verläumdung erhebt, lauten:

Ad ceteras innumeras fraudes, quibus catholicae Ecclesiae inimici continenter utuntur ut incautos praesertim et imperitos ab ipsius Ecclesiae sinu avellant et abripiant, acerrimae etiam ac turpissimae accedunt calumniae, quas in personam Nostram intendere et comminisci non erubescunt. Nos quidem nullis licet Nostris meritis Illius hic in terris vicariam gerentes operam, qui cum maledicer et ur non maledicebat, cum pateretur non comminabatur, acerbissima quaeque convicia in omni patientia ac silentio perferre, et pro persequentibus et calumniantibus Nos orare numquam omisimus. Verum cum debitores simus sapientibus et insipientibus, omniumque saluti consulere debeamus, haud possumus, quin ad praecavendam praesertim infirmorum offensionem, in hoc Vestro Consessu a Nobis rejiciamus falsissimam illam, et omnium deterrimam calumniam, quae contra Personam humilitatis Nostrae per recentissimas quasdam ephemerides est evulgata. Etsi vero incredibili horrore affecti fuimus ubi illud commentum legimus, quo inimici homines Nobis et Apostolicae Sedi grave vulnus inferre commoliuntur, tamen nullomodo vereri possumus, ne ejusmodi turpissima mendacia vel leviter offendere queant supremam illam veritatis Cathedram, et Nos, qui nullo meritorum suffragio in ea collocati sumus. Et quidem singulari Dei misericordia divinis illis Nostri Redemptoris verbis uti possemus: Ego palam loquutus sum mundo ... et in occulto loquutus sum nihil. Atque hic, Venerabiles Fratres, opportunum ducimus ea ipsa iterum dicere et inculcare, quae in Nostra praesertim Allocutione ad Vos die 13. Decembris 1847 habita declaravimus, inimicos scilicet homines quo facilius veram germanamque catholicae religionis doctrinam corrumpere, aliosque decipere, et in errorem inducere queant, omnia comminisci, omnia moliri, omnia conari, ut vel ipsa Apostolica Sedes eorum stultitiae particeps et fautrix quodammodo appareat.

„Zu den anderen zahllosen Bosheiten, welche die Feinde der katholischen Kirche unablässig anwenden, um namentlich die Unvorsichtigen und Unerfahrenen von dem Schoosse der Kirche zu trennen und loszureissen, kommen auch jene höchst schändlichen und beissenden Verläumdungen, welche sie gegen Unsere Person zu richten und zu erdichten nicht erröthen. Wir haben zwar, da Wir, obwohl ohne Unser Verdienst hier auf Erden die Stelle Desjenigen vertreten, der nicht wieder schalt, als er gescholten ward, nicht

drohte, da er litt, niemals unterlassen, auch die bittersten Schmähungen mit aller Geduld und Schweigen zu ertragen und für Unsere Verfolger und Verläumder zu beten. Aber da Wir den Weisen und den Thörichten Schuldner sind und für Aller Heil Sorge tragen müssen, können Wir nicht umhin, um namentlich die Schwachen vor Aergerniss zu bewahren, in dieser Eurer Versammlung jene höchst falsche, und unter allen schwärzeste Verläumdung von Uns abzuweisen, welche gegen Unsere geringe Person in einigen neuesten Tagblättern öffentlich verbreitet worden ist. Wenn Wir aber auch mit unglaublichem Abscheu erfüllt wurden, als Wir jene Erdichtung lasen, durch welche feindliche Menschen Uns und dem Apostolischen Stuhl eine schwere Wunde zu schlagen trachten, so können Wir doch keineswegs fürchten, dass solche schändliche Lügen jenen höchsten Stuhl der Wahrheit und Uns, die Wir ohne Beihülfe von Verdiensten auf denselben gesetzt sind, auch nur leicht verletzen könnte. Und nach der besonderen Barmherzigkeit Gottes könnten Wir jene göttlichen Worte Unseres Erlösers anwenden: **Ich habe öffentlich vor der Welt geredet ... und ich habe nichts im Verborgenen geredet.** Und hier, Ehrwürdige Brüder, halten Wir es für passend, dasselbe wiederholt zu sagen und einzuschärfen, was Wir namentlich in Unserer, am 13. December 1847 an Euch gehaltenen Allocution erklärt haben, dass nämlich die feindseligen Menschen, um desto leichter die wahre und ursprüngliche Lehre der katholischen Religion verderben, und Andere täuschen und in Irrthum führen zu können, alles erdichten, alles unternehmen, alles wagen, um sogar den Apostolischen Stuhl selbst als Theilnehmer und Begünstiger ihrer Thorheit erscheinen zu lassen."

' An diese Widerlegung der erwähnten schändlichen Verläumdung knüpft Pius IX. dann unmittelbar das eben mitgetheilte, wiederholte Verdammungsurtheil gegen die geheimen Gesellschaften an. Einige Jahre später wendet er sich bei einer höchst feierlichen Gelegenheit, als nämlich die Bischöfe des ganzen Erdkreises zur Feier der dogmatischen Entscheidung der unbefleckten Empfängniss um ihn versammelt waren, in der Allocution vom 9. December 1854 abermals gegen die geheimen Gesellschaften mit folgenden Worten:

Existere etiam nunc dolendum est impium incredulorum genus, qui omnem si fieri posset exterminatum vellent religionis cultum, eisque adnumerandi inprimis sunt clandestinarum societatum gregales, qui nefario inter se foedere conjuncti nullas non adhibent artes, ut quibusque violatis juribus rem et sacram et publicam perturbent, evertant; in quas profecto verba illa cadunt divini Reparatoris: vos ex patre diabolo estis et opera patris vestri vultis facere. „Betrübend ist's, dass auch jetzt noch das gottlose Geschlecht der Ungläubigen existirt, welche, wenn es möglich' wäre, jeden Cultus der Religion ausrotten möchten, und ihnen sind vor allen die Genossen der geheimen Gesellschaften beizuzählen, welche durch ein verruchtes Band unter sich verbunden alle möglichen Kunstgriffe anwenden, um mit Verletzung aller Rechte die Kirche und den Staat zu verwirren und umzustürzen. Ihnen gelten wahrlich jene Worte des göttli-

chen Erlösers: „Ihr habt den Teufel zum Vater und wollt die Werke Eures Vaters thun."

Auch in der berühmten Encyclica vom 8. December 1864 und in dem derselben beigefügten Syllabus erneuert Pius IX. sein Verdammungsurtheil gegen die geheimen Gesellschaften. Der §. IV des Syllabus zählt die Actenstücke auf, in welchen die „verderbenschwangeren Seuchen des Socialismus, des Communismus, der geheimen Gesellschaften u. s. w. oft und mit den schwersten Ausdrücken verworfen werden und in der Encyclica heisst es bezüglich der geheimen Gesellschaften: *Ipsos minime pudet affirmare, constitutiones Apostolicas, quibus damnantur clandestinae societates sive in eis exigatur, sive non exigatur juramentum de secreto servando earumque asseclae et fautores anathemate mulctantur, nullam habere vim in illis orbis regionibus, ubi ejusmodi aggregationes tolerantur a civili gubernio;* „sie schämen sich keineswegs zu behaupten ... die Apostolischen Constitutionen, durch welche die geheimen Gesellschaften, mag in denselben ein Eid über die Bewahrung des Geheimnisses verlangt werden oder nicht, und ihre Genossen und Beförderer mit dem Anathem belegt werden, haben keine Geltung in jenen Gegenden der Welt, in welchen solche Gesellschaften von der weltlichen Regierung geduldet werden."

Indem Pius IX. in dieser Stelle der Encyclica vom 8. December 1864 die Behauptung derjenigen verurtheilt, welche die Giltigkeit der Apostolischen Constitutionen gegen die geheimen Gesellschaften in jenen Ländern bestreiten, in welchen dieselben von der Regierung geduldet werden, ertheilt er diesen Constitutionen (Clemens XII., Benedict's XIV., Pius VII. und Leo's XII.), welche in einer Anmerkung zu dieser Stelle namentlich aufgeführt werden, eine neue feierliche Bestätigung.

Aber nicht zufrieden mit diesen wiederholten Verurtheilungen der geheimen Gesellschaften bei verschiedenen feierlichen Anlässen und in verschiedenen Actenstücken, welche sich auch mit anderen schweren Schäden der Zeit beschäftigten, erhob sich Pius IX. in einer besonderen Allocution vom 25. September 1865 gegen die Freimaurer, um dieselben im Cardinals-Collegium im Angesichte der ganzen Welt in der nachdrücklichsten und feierlichsten Form zu verdammen und den entschiedensten Protest des h. Stuhles gegen ihre Grundsätze und gegen ihr verderbliches Treiben einzulegen. Diese Allocution, welche unter den Freimaurern grosse Bestürzung erregt und heftigen Widerspruch hervorgerufen hat, lautet:

Allocution

unseres heiligsten Vaters Papst Pius IX. im geheimen Consistorium vom 25. September 1865.

Venerabiles Fratres!

Multiplices inter machinationes artesque, quibus Christiani nominis hostes adoriri Ecclesiam Dei, eamque irrito licet conatu labefactare atque excindere ausi sunt, recensenda procul dubio est; Venerabiles Fratres, perversa illa hominum societas, quae Massonica vulgo nuncupatur, quaeque in latebris primum tenebrisque coacta in communem exinde perniciem religionis, humanaeque societatis erupit. Cujus insidias ac fraudes ubi primum detexerunt Praedecessores Nostri Romani Pontifices, pastoralis officii memores, nihil morae interponendum existimarunt, quominus sectam illam scelus anhelantem, multa ac nefaria rei sacrae et publicae molientem auctoritate sua coercerent, ac damnationis sententia tamquam jaculo confoderent et profligarent. Enimvero Clemens XII. Praedecessor Noster Apostolicis suis litteris eandem sectam proscripsit, reprobavit ac fideles universos ab illa nedum ineunda, sed

Ehrwürdige Brüder!

Unter den vielen Umtrieben und Ränken, mit welchen die Feinde des christlichen Namens die Kirche Gottes anzugreifen und sie, wenn auch mit vergeblichem Bemühen, erschüttern und ausrotten zu wollen gewagt haben, ist sonder Zweifel, Ehrwürdige Brüder, jene verderbte Gesellschaft von Leuten anzuführen, welche gewöhnlich die maurerische genannt wird und welche zuerst in Schlupfwinkeln und im Dunkeln zusammengebracht, hernach zum gemeinsamen Verderben der Religion und der menschlichen Gesellschaft hervorbrach. Sobald Unsere Vorgänger, die römischen Päpste, ihre Nachstellungen und Ränke entdeckten, erachteten sie, ihrer Hirtenpflicht eingedenk, keinen Verzug eintreten lassen zu dürfen, um jener Frevel schnaubenden Secte, welche Vieles und Schändliches gegen Kirche und Staat unternahm, durch ihre Autorität Einhalt zu thun, und sie mit dem Verdammungsurtheil wie mit einem Pfeil zu durchbohren und zu Boden zu werfen. Denn Clemens XII., Unser Vorgänger,

vero etiam quovis modo promovenda, juvandaque deterruit, indicta excommunicationis poena ipso facto incurrenda, et per Romanum dumtaxat Pontificem relaxanda. Quam porro justam ac debitam damnationis sententiam Benedictus XIV. edita constitutione confirmavit, summosque Catholicos Principes haud excitare praetermisit, ut ad convellendam perditissimam sectam, et a communi periculo propulsandam vires omnes curasque conferrent. Atque utinam supremi iidem Principes Decessoris Nostri vocibus aures praebuissent; utinam in causa tam gravi non remissius egissent, nunquam certe fuissent deplorandi nostra patrumque memoria tanti seditionum motus, tanta bellorum incendia, quibus Europa universa conflagravit, tanta denique malorum acerbitas, quibus afflictata est, atque adhuc afflictatur Ecclesia. Jam vero quum improborum furor minime conquiesceret, recens ortam Carbonariorum sectam in Italia praesertim longe lateque propagatam Pius VII. Praecessor Noster anathemate perculit, parique incensus animarum studio Leo XII tum superiores, quas memoravimus clandestinas societates, tum quoscunque alias quovis tandem nomine appellatas, quae contra Ecclesiam, civilemque potestatem conspirarent, Apostolicis suis

hat durch sein Apostolisches Schreiben eben diese Secte verboten und verworfen, um alle Gläubigen nicht nur von dem Eintritt in dieselbe, sondern auch von der Beförderung und Unterstützung derselben durch Androhung der ipso facto eintretenden und nur durch den römischen Papst nachlaßbaren Strafe der Excommunication abgeschreckt. Dieses gerechte und gebührende Verdammungsurtheil hat sodann Benedict XIV. durch seine Constitution bestätigt und nicht unterlassen, die hohen katholischen Fürsten aufzufordern, alle ihre Kräfte und Sorgfalt beizutragen, um die höchst verderbte Secte auszurotten und die gemeinsame Gefahr abzuwenden. Und, o hätten doch diese hohen Fürsten der Stimme Unseres Vorgängers ihr Ohr geliehen! Hätten sie doch in einer so wichtigen Sache nicht lässig gehandelt! Dann wären gewiß zu Unserer und Unserer Väter Zeiten, nie so viele aufständische Bewegungen, so viele Kriegsfackeln, von welchen ganz Europa entbrannte, so viele bittere Leiden endlich zu beklagen gewesen, von welchen die Kirche heimgesucht wurde und noch heimgesucht wird. So hat auch, da die Wuth der Gottlosen keineswegs ruhte, Unser Vorgänger Pius VII. die neuentstandene, namentlich in Italien weit und breit verbreitete Secte der Carbonari mit dem Anathem belegt und Leo XII., von gleichem Seeleneifer entflammt, hat sowohl die ebenerwähnten geheimen Ge-

Massonica haec, de qua loquimur, secta, verum ita longe lateque diffusa, ut difficillimo hoc tempore ubicumque gentium impune se jactet, atque audacius efferatur. Quam rem inde Nos repetendam magna ex parte existimavimus, quod plerisque ignorantia fortasse iniquorum consiliorum, quae in clandestinis iis coetibus agitantur, falsa insederit opinio innoxium hoc esse societatis genus, atque institutum, quod in adjuvandis hominibus, eorumque relevandis aerumnis unice versetur; nihil proinde contra Ecclesiam Dei ex illo esse pertimescendum. Id vero quantopere abhorreat a veritate ecquis non intelligat? Quid enim sibi vult illa hominum cooptatio cujuscumque tandem religionis et fidei sint? Quid illa sibi volunt clandestina conventicula, quid severissimum jusjurandum ab iis prolatum, qui huic sectae initiantur, nunquam se quidquam patefacturos, quod pertinere ad illam possit? Quo tandem spectat inaudita poenarum atrocitas, quibus se devovent, si forte a juramenti fide desciscant? Impia certe quidem ac nefaria ea societas sit oportet, quae diem lucemque tantopere reformidat; qui enim male agit, ut scripsit Apostolus, odit lucem. Jamvero quam longe dissimiles ab hac dicendae sunt piae fidelium societates, quae in Catholica Ecclesia florescunt. Nihil in eis retrusum atque abditum, patent omnibus leges, quibus reguntur, patent quae juxta Evangelii doctrinam exercentur opera caritatis. Atqui Catholicas hujusmodi Socie-

verboten. Aber dennoch hatten diese angelegentlichen Bemühungen des Apostolischen Stuhles nicht jenen Erfolg, den man hätte erwarten sollen, denn diese maurerische Sekte, von der Wir sprechen, ist nicht nur niemals bezähmt und bezwungen worden, sondern sie hat sich weit und breit so ausgebreitet, daß sie sich in dieser höchst schwierigen Zeit bei allen Völkern ungestraft brüstet und kecker sich erhebt. Wir haben das darum zum großen Theil wiederholen zu müssen geglaubt, weil vielleicht vielen aus Unkenntniß der boshaften Pläne, die in jenen geheimen Gesellschaften ausgeheckt werden, die falsche Meinung anhaftet, diese Art von Gesellschaft sei unschuldig und ein Institut, das sich nur mit der Unterstützung der Menschen und mit der Linderung ihrer Drangsale befaßt, es sei daher nichts gegen die Kirche Gottes von ihr zu befürchten. Wer aber sollte nicht einsehen, wie ferne das von der Wahrheit ist? Denn was will jene Vereinigung von Menschen, was immer für einer Religion oder Glaubens sie sein mögen? Was wollen jene geheimen Conventikel, was der von Denen geleistete Eid, welche in diese Sekte aufgenommen werden, nie etwas zu offenbaren, was sich auf sie beziehen könnte? Wohin zielt endlich die unerhörte Grausamkeit der Strafen, denen sie sich weihen, wenn sie etwa ihren Eid verletzen sollten? Gottlos und ruchlos muß gewiß diese Gesellschaft sein, welche den Tag und das Licht so sehr scheut. Denn wer Böses thut, der haßt das Licht, wie der Apostel schreibt. Wie unähnlich sind ihnen die frommen Gesellschaften der Gläubigen, welche in der katholischen Kirche blühen. Nichts ist in ihnen ver-

tates tam salutares, tam excitandae pietati, recreandisque pauperibus opportunas oppugnari alicubi, et vero etiam deleri non sine dolore videmus, dum contra, fovetur, vel saltem toleratur tenebricosa Massonica societas tam Ecclesiae Dei inimica, tam pericolosa etiam securitati regnorum! Illud vero graviter Nos et acerbe ferimus, Venerabiles Fratres, quod in hujusmodi reprobanda secta juxta Decessorum Nostrorum Constitutiones, segnes nonnullos esse, et quasi indormientes videamus, quos in re tam gravi commissi muneris et officii ratio excitatissimos poscit. Quod si qui in hac opinione versantur, Apostolicas Constitutiones contra occultas sectas, earumque asseclas et fautores sub poena anathematis editas, nullam habere vim iis in regionibus, ubi a civili potestate memoratae sectae tolerantur, ii certe vehementer errant; ac Nos pravae hujus doctrinae commentum-alias, ut scitis, Venerabiles Fratres, reprobavimus, iterumque hodierno die reprobamus et condemnamus. Numquid enim suprema illa pascendi regendique universi dominici gregis potestas, quam in persona Beatissimi Petri a Christo Domino acceperunt Romani Pontifices, ac supremum inde quod exercere in Ecclesia debent magisterium, a civili pendeat potestate, aut aliqua ratione coerceri ab illa possit et

borgen und verstedt. Allen stehen die Statuten offen, nach welchen sie geleitet werden. Offen üben sie die Werke der christlichen Liebe nach der Lehre des Evangeliums. Aber nicht ohne Schmerz sehen Wir, wie derartige so heilsame zur Erweckung der Frömmigkeit und zur Tröstung der Armen so passende Bruderschaften anderwärts bekämpft, ja sogar vernichtet werden, während dagegen die im Finstern schleichende, der Kirche Gottes so feindliche und auch der Sicherheit der Staaten so gefährliche maurerische Gesellschaft begünstigt oder wenigstens geduldet wird! Das aber empfinden Wir schwer und bitter, Ehrwürdige Brüder, daß Wir sehen, wie in der Verwerfung einer solchen Secte nach den Konstitutionen Unserer Vorgänger Manche lässig und gewissermaßen schläfrig sind, von welchen in einer so wichtigen Sache ihr Amt und ihre Pflicht den größten Eifer fordert. Wenn jemand in der Meinung schwebt, die unter der Strafe des Anathems erlassenen Apostolischen Constitutionen gegen die geheimen Secten und ihre Anhänger und Begünstiger haben keine Giltigkeit in jenen Ländern, in welchen die erwähnten Secten von der weltlichen Gewalt geduldet werden, der irrt sicher gar sehr, und Wir haben die Erdichtung dieser schlechten Lehre bei einer anderen Gelegenheit, wie Ihr wißt, Ehrwürdige Brüder, verworfen und verdammen sie heute wiederholt. Sollte denn jene höchste Gewalt, die ganze Heerde des Herrn zu weiden und zu regieren, welche in der Person des heil. Petrus von Christus dem Herrn die Römischen Päpste empfangen haben und folglich jenes höchste Lehramt, welches sie in der Kirche ausüben müssen, von der

coarctari? Quae cum ita sint, ne minus cauti homines, juvenesque inprimis decipiantur, ac ne ex Nostro silentio aliqua tuendi erroris arripiatur occasio, Apostolicam attollere vocem decrevimus, Venerabiles Fratres; atque hic in consessu Vestro memoratas Praedecessorum Nostrorum Constitutiones confirmantes, Massonicam illam, aliasque ejusdem generis Societates quae specie tenus diversi in dies coalescunt, quaeque contra Ecclesiam vel legitimas potestates seu palam, seu clandestine machinentur Auctoritate Nostra Apostolica reprobamus et condemnamus, atque ab omnibus Christifidelibus cujuscumque conditionis gradus ac dignitatis, et ubicumque terrarum sint, tamquam per Nos proscriptas et reprobatas haberi volumus iisdem poenis, quae in memoratis Praedecessorum Nostrorum Constitutionibus continentur. Nunc, quod reliquum est, pro paterni animi Nostri studio monemus et excitamus fideles, qui forte ejusmodi sectis nomen dederint ut ad saniora se consilia recipiant, funestosque illos coetus et conventicula deserant ne in sempiternae ruinae baratrum prolabantur: reliquos vero fideles omnes, pro sollicita, qua urgemur animarum cura, vehementer hortamur, ut a dolosis sectariorum labiis caveant, qui quandam honesti speciem praeseferentes contra Christi

weltlichen Gewalt abhängen oder irgend wie von ihr gehemmt oder eingeschränkt werden können? Unter diesen Umständen haben Wir, damit unvorsichtige Leute, und vornämlich junge Menschen, nicht getäuscht werden, und damit aus Unserem Schweigen kein Anlaß zur Vertheidigung des Irrthums ergriffen werde, Unsere Apostolische Stimme zu erheben beschlossen, Ehrwürdige Brüder, und verwerfen und verdammen kraft Unserer Apostolischen Autorität hier in Euerer Versammlung, die erwähnten Constitutionen Unserer Vorgänger bestätigend, jene maurerische Gesellschaft und andere Gesellschaften derselben Art, welche, nur in der Form verschieden, von Tag zu Tag sich mehren und gegen die Kirche oder gegen die rechtmäßigen Gewalten, sei es öffentlich, sei es im Geheimen, Umtriebe machen und Wir wollen, daß sie von allen Christgläubigen jedes Standes und Ranges und jeder Würde, und in was immer für einem Lande sie sein mögen, als von Uns verboten und verworfen betrachtet werden, unter denselben Strafen, welche in den erwähnten Constitutionen Unserer Vorgänger enthalten sind. Nun bleibt Uns noch übrig, die Gläubigen, welche etwa in solche Secten eingetreten wären, nach dem Eifer Unseres väterlichen Herzens zu ermahnen und aufzufordern, daß sie besseren Rath annehmen und jene unheilvollen Vereine und Conventikel verlassen mögen, damit sie nicht in den Abgrund des ewigen Verderbens stürzen, die übrigen Gläubigen aber ermahnen Wir nach der eifrigen Sorge für die Seelen, die Uns drängt, alle gar sehr, sich vor den trugvollen Lippen der Sectirer zu hüten, welche unter einem gewissen Scheine der Ehrbarkeit von glühendem

religionem et legitimos principatus inflammato odio feruntur, idque unum spectant atque agunt, ut jura quaeque tam divina quam humana pessumdent. Noverint, hos sectarum gregales tamquam lupos esse quos ovium pelle contectos ad exitium gregis venturos praedixit Christus Dominus; noverint in eorum numero esse habendos a quorum consuetudine, congressuque sic Nobis interdixit Apostolus ut nec ave illis dicere diserte praeceperit. Faxit nostrum omnium precibus exoratus dives in misericordia Deus, ut auxiliante gratia sua redeant insipientes ad cor, errantesque in viam justitiae reducantur; faxit ut compresso perditorum hominum furore, qui per supra memoratos coetus impia, ac nefaria moliuntur, a tam multis, tamque inveteratis malis recreari aliquando tum Ecclesia tum humana societas possit. Quae ut Nobis succedant deprecatricem apud clementissimum Deum adhibeamus Sanctissimam Virginem Dei ipsius Matrem ab origine immaculatam, cui datum est Ecclesiae hostes, atque errorum monstra confringere; nec non patrocinium imploremus Beatorum Apostolorum Petri et Pauli, quorum glorioso cruore Alma haec Urbs consecrata est. Horum ope atque auxilio, quod a divina bonitate flagitamus, facilius Nos assecuturos confidimus.

Haſſe gegen die Religion Chriſti und gegen die rechtmäßigen Obrigkeiten getrieben werden und nur das Eine bezwecken und betreiben, alle göttlichen ſowohl als menſchlichen Rechte mit Füßen zu treten. Sie mögen wiſſen, daß dieſe Mitglieder der Secten wie Wölfe ſeien, von welchen Chriſtus der Herr vorausgeſagt hat, daß ſie in Schafskleidern zum Verderben der Heerde kommen werden; ſie mögen wiſſen, daß ſie unter die Zahl jener zu rechnen ſind, deren Umgang und Freundſchaft uns der Apoſtel ſo ſehr verboten hat, daß er ausdrücklich gebot, ſie nicht einmal zu grüßen. Möge durch unſer Aller Gebet der erbarmungsreiche Gott ſich erbitten laſſen, daß mit Hilfe ſeiner Gnade die Thörichten in ſich gehen und die Irrenden auf den Weg der Gerechtigkeit zurückgeführt werden; möge er bewirken, daß die Wuth der verderbten Menſchen, welche durch die oben erwähnten Inſtitute Gottloſes und Ruchloſes unternehmen, gebändigt werde, und die Kirche und die menſchliche Geſellſchaft endlich einmal von ſo vielen und ſo alten Leiden ſich erholen möge. Damit dieſe Unſere Wünſche in Erfüllung gehen mögen, wollen Wir als Fürbitterin bei dem gütigſten Gott die Allerſeligſte Jungfrau, die von Anfang an unbefleckte Mutter Gottes ſelbſt, anwenden, der es gegeben iſt, die Feinde der Kirche und die Ungeheuer der Irrthümer zu vernichten; ebenſo wollen Wir den Schutz der heiligen Apoſtel Petrus und Paulus anflehen, durch deren glorreiches Blut dieſe ehrwürdige Stadt geweiht iſt. Durch ihre Hilfe und ihren Beiſtand vertrauen Wir leichter zu erlangen, was Wir von der göttlichen Güte erflehen.

X.

So sehen wir denn in diesem letzten Actenstücke, mit welchem vorläufig die Reihe der päpstlichen Acte gegen die geheimen Gesellschaften abschliesst *), Pius IX. wieder zu dem Ausgangspunkte der furchtbaren Verschwörung zurückkehren, durch welche die geheimen Gesellschaften im Laufe eines Jahrhunderts das Angesicht der Erde verändert, die Gesellschaft entchristlicht, den grossen Abfall vorbereitet, das Geheimniss der Bosheit wirksam gemacht und das Reich des Anti-Christ bereitet haben, nämlich zu den Freimaurern, welche in unseren Tagen mächtiger sind als je. Nachdem der Papst zunächst an die Constitutionen seiner Vorgänger erinnert und die Saumseligkeit der Fürsten in Abwendung jener Gefahren beklagt hat, welche die Päpste ihnen als nothwendige Folgen des verderbenschwangeren Treibens jener geheimen Gesellschaften vorhersagten, constatirt er vor Allem, dass die

---

*) Das nachstehende Decret der Congregation des heil. Officiums dehnt die Apostolischen Constitutionen gegen die geheimen Gesellschaften auch auf die Fenier aus:

Archiepiscopis Baltimorensi, Cincinnatensi, ac Neo-Eboracensi, necnon Episcopis Albanensi, Bostoniensi, Brooklinensi, Buffalensi, Burlingtonensi, Hartfordiensi Newarcensi ac Portlandensi.

„*Plura ad Sanctam Sedem delata sunt circa Societatem, quae appellatur Fratrum Fenorum, aut Fenianorum, eaque Supremae Congregationi Universalis inquisitionis submissa fuere, ut quid de illis sentiendum foret decerneretur. Porro Sanctissimus Dominus Noster Pius P. IX. audito Eminentissimorum Inquisitorum suffragio, Amplitudini Tuae notificandum mandavit Decretum Fer. IV. 5. Augusti 1846 quod sic se habet: „Societates occultae de quibus in Pontificiis Constitutionibus sermo est, eae omnes intelliguntur quae adversus Ecclesiam vel Gubernium sibi aliquid proponunt, exigant vel non exigant a suis asseclis juramentum de secreto servando.“ Voluit praeterea Sanctitas Sua, ut Tibi subjungeretur, recurrendum esse ad Sanctam Sedem, et quidem omnibus adamussim expositis rerum adjunctis, si quae forte difficultates in applicatione praedicti Decreti inveniantur.*

„*Quoniam vero recenter assertum est in quibusdam foliis periodicis ac signanter in „The Connaught Patriot“ declarationem prodiisse a Sede Apostolica, juxta quam Feniani inquietandi non essent, idcirco Suprema Congregatio S. Officii Amplitudini Tuae significandum decrevit, praedictam assertionem omnino falsam fuisse.*

Precor Deum etc.. M. C. Barnabo, Praef.
13. Julii 1865. H. Capalti, Secretarius.

Freimaurer, welche jetzt überall kecker als je ihr Haupt erheben, keine blosse Wohlthätigkeits-Gesellschaft seien. Als Beweis dagegen führt er an: 1. Die Vereinigung von Menschen jeder Religion und jedes Glaubens. 2. Ihre geheimen lichtscheuen Zusammenkünfte. 3. Den furchtbaren Eid, durch den sie sich zur Wahrung des Geheimnisses verpflichten. 4. Die grausamen Strafen, mit welchen sie den Bruch dieses Eides bedrohen. Diese vier Punkte sind offenkundige, von den Freimaurern selbst nicht geläugnete Thatsachen. Es ist also unbegreiflich, wie die verschiedenen Maurerlogen in ihren Protesten gegen diese Allocution behaupten konnten, der heil. Stuhl verdamme sie ungehört und auf Grund unerwiesener Beschuldigungen. Oder ist es etwa nicht wahr, dass in ihren Bund Leute jeder Religion und jedes Glaubens Aufnahme finden? dass ihre Zusammenkünfte geheime sind? dass ihre Mitglieder einen furchtbaren Eid zur Wahrung des Geheimnisses schwören müssen und dass ein Bruch dieses Eides mit den schwersten Strafen bedroht wird? Nun widerspricht aber die Vereinigung von Menschen jeder Religion und jedes Glaubens zu einem Bunde, dessen Zwecke geheim gehalten werden, an und für sich schon von vornherein den Grundsätzen, Lehren und Gesetzen der Kirche, und sobald die Kirche, welche hier die allein competente Richterin ist, diesen Widerspruch mit ihren Grundsätzen, Lehren und Gesetzen öffentlich constatirt hat, empören sich alle diejenigen Catholiken,

---

An die Erzbischöfe von Baltimore, Cincinnati und New-York, sowie an die Bischöfe von Albany, Boston, Brooklyn, Buffalo, Hartford, Newark und Portland.

Mehreres ist in Betreff der Gesellschaft, welche die Gesellschaft der fenischen Brüder oder der Fenier genannt wird, an den heil. Stuhl gebracht worden und es wurde der hohen Congregation der allgemeinen Inquisition unterbreitet, damit entschieden würde, was von denselben zu halten sei. Sodann hat unser heiligster Herr Papst Pius IX. nach Anhörung der Meinung Ihrer Eminenzen der Inquisitoren das Decret vom Mittwoch 5. August 1846 Deiner Gnaden zu notificiren Auftrag ertheilt, welches also lautet: Unter geheimen Gesellschaften, von welchen in den päpstlichen Constitutionen die Rede ist, sind alle diejenigen zu verstehen, welche sich etwas gegen die Kirche oder gegen die Regierung vornehmen, mögen sie von ihren Anhängern einen Eid über die Bewahrung des Geheimnisses fordern oder nicht. Seine Heiligkeit wollte überdiess, es solle Dir weiter gesagt werden, dass an den heil. Stuhl sich zu wenden sei und zwar mit genauer Auseinandersetzung aller einschlägigen Umstände, wenn etwa bei der Anwendung des vorerwähnten Decretes Schwierigkeiten sich ergeben sollten.

Weil aber kürzlich in einigen periodischen Blättern und namentlich in „The Connaught Patriot" behauptet worden ist, es sei vom Apostolischen Stuhl eine Erklärung ausgegangen, wonach die Fenier nicht zu beunruhigen seien, darum hat die hohe Congregation des heil. Officiums Deiner Gnaden anzuzeigen beschlossen, dass die vorerwähnte Behauptung durchaus falsch war.

Ich bitte Gott u. s. w.
13. Juli 1865.   M. C. Barnabo, Präfect.
         H. Capalti, Secretär.

welche trotzdem fortfahren einer geheimen Gesellschaft anzugehören, offen gegen die Autorität der Kirche und verfallen dem Worte des Herrn: **Wer die Kirche nicht hört, der sei dir wie ein Heide und öffentlicher Sünder.**

Der zweite Vorwurf, welchen der Apostolische Stuhl den Freimaurern macht, sind ihre geheimen Zusammenkünfte. Wenn das, was in diesen geheimen Zusammenkünften geschieht, unschuldig ist, wozu dann das Geheimniss? Ist es aber nicht unschuldig, so ist eben damit der Vorwurf des heil. Stuhles begründet. Dass er es in der That ist, beweist am besten der Umstand, dass die Freimaurer trotz des Verdammungsurtheils des heil. Stuhles und trotz ihres Widerspruchs gegen dasselbe bis auf den heutigen Tag fortfahren, geheime Zusammenkünfte zu halten, während sie doch diesen Vorwurf durch das Aufgeben der Geheimthuerei am besten hätten entkräften können, wenn eben ihr ruchloses Treiben nicht des Schutzes des Geheimnisses bedürfte. Ebensowenig haben sie bis heute den dritten Vorwurf des heil. Stuhles, welcher gegen ihren Eid gerichtet ist, durch die Beseitigung dieses Eides entkräftet. Entweder sind die Geheimnisse, zu deren Bewahrung sich die Freimaurer eidlich verpflichten, wie sie selbst versichern, Lappalien, Kindereien, unschuldige Formen, dann aber treiben sie ein frevles Spiel mit dem Eide, dann ist ihr Eid eine Gotteslästerung; oder aber es handelt sich um ernste Dinge. In diesem Falle sind es entweder erlaubte oder unerlaubte Zwecke, über welche sie sich eidlich zur Wahrung der Geheimnisse verpflichten. Sind es erlaubte Zwecke, wozu dann der furchtbare Eid? Sind es aber unerlaubte Zwecke, dann ist ihr Eid eine doppelte Gotteslästerung, weil sie Gott zum Zeugen anrufen, dass sie unter dem Schutze des Geheimnisses sündigen und dass sie diejenigen schwer bestrafen wollen, welche durch die Offenbarung dieses Geheimnisses solche Sünde zu verhindern suchen möchten. Dass aber ihre Zwecke unerlaubte sind, das beweist am besten der vierte Vorwurf, welchen der heil. Stuhl gegen die grausamen Strafen richtet, mit denen die Freimaurer den Bruch des erwähnten Eides bedrohen. Wer hat den Freimaurern das Recht und die Gewalt gegeben, über ihre Mitglieder zu Gericht zu sitzen und willkürliche Meineidsstrafen über sie zu verhängen, welche in keinem Gesetzbuche stehen, und zu deren Verhängung nur die von der rechtmässigen obrigkeitlichen Gewalt eingesetzten Richter berechtigt wären?

Doch kehren wir wieder zu der Allocution Pius IX. zurück. Nachdem der Papst die erwähnten Vorwürfe gegen die Freimaurer formulirt hat, hält er ihnen die katholischen Wohlthätigkeits-Gesellschaften entgegen, deren segensreiche Wirksamkeit sich nicht in das Dunkel des Geheimnisses hüllt, und beklagt einen bekannten Vorgang in Frankreich, wo die Auflösung der Gesellschaft des heil. Vincenz von Paul Hand in Hand mit der staatlichen Regelung der Freimaurer ging, während die betreffenden Decrete den katholischen Wohlthätigkeitsverein für staatsgefährlich erklärten, an den Freimaurern dagegen ihr wohlthätiges und humanes Wirken rühmten. Weiter wieder-

holt der Papst die schon in der Encyclica vom 8. December 1864 ausgesprochene Verdammung der Ansicht, als hätten die apostolischen Constitutionen gegen die geheimen Gesellschaften keine Giltigkeit in den Ländern, in welchen diese Gesellschaften geduldet werden und verbindet damit eine kräftige Verwahrung gegen die Beschränkung der päpstlichen Gewalt und ihres höchsten Lehramtes in der Kirche durch die weltliche Gewalt. Dann bestätigt er auf's neue die Constitutionen seiner Vorgänger gegen die Freimaurer und andere derartige Gesellschaften, die er unter denselben Strafen verwirft und verdammt. Schliesslich schleudert er sein Verdammungsurtheil gegen die Freimaurer, denen er vorwirft, dass sie unter der Maske der Ehrbarkeit von glühendem Hasse gegen die Religion Christi und gegen die rechtmässige Fürstengewalt entflammt, alle göttlichen und menschlichen Rechte mit Füssen treten, und bezeichnet sie als Wölfe in Schafskleidern, vor denen Christus der Herr gewarnt habe, als Leute, mit welchen man nach der Vorschrift des Apostels keinen Umgang pflegen, ja die man nicht einmal grüssen dürfe. Als Vater der Gläubigen schliesst der Papst mit einem brünstigen Gebet für die Verirrten und für die Ruhe und den Frieden der Kirche.

Damit hätten wir denn die Aufgabe, die wir uns in den vorangehenden Blättern gestellt haben, das Verhalten des heil. Stuhles gegen die Freimaurer und die andern geheimen Gesellschaften von ihrem ersten Auftreten an bis auf den heutigen Tag aus den Acten des heil. Stuhles darzustellen und den verderblichen Einfluss dieser Gesellschaften auf die Wohlfahrt der Kirche und des Staates zu schildern, beendigt. Möchte diese Sammlung so wichtiger Actenstücke von den Katholiken eines aufmerksamen Studiums gewürdigt werden, damit sie in einer Zeit, in welcher die geheimen Gesellschaften und ihre Grundsätze alle Lebensverhältnisse beherrschen und alle Begriffe über Wahrheit und Irrthum, Recht und Unrecht, Gut und Böse verwirren, einen sicheren Leitstern haben, unter dessen Führung sie mitten unter den sie umgebenden Gefahren an dem Sitze der Wahrheit, welcher der Stuhl Petri ist, festhalten und Ohr und Herz den Lehren der geheimen Gesellschaften verschliessen, die da jenem Bösewicht das Reich bereiten, dessen Ankunft, wie der heil. Apostel Paulus in seinem zweiten Brief an die Thessalonicher schreibt, geschieht gemäss der Wirkung des Satans mit allerlei Kraft, Zeichen und falschen Wundern, und mit allerlei Verführung zur Bosheit für die, welche verloren gehen; darum, weil sie die Liebe der Wahrheit nicht angenommen haben, um selig zu werden, desshalb wird Gott, wie der Apostel sagt, den Irrthum auf sie wirksam sein lassen, so dass sie die Lüge glauben, damit alle gerichtet werden, welche der Wahrheit nicht geglaubt, sondern der Ungerechtigkeit beigestimmt haben.

Noch eine Bemerkung zum Schlusse. Sowie Christus der Herr seine Propheten und seine Vorläufer hatte, welche ihm vor seiner Ankunft in den Herzen frommer Menschen sein Reich vorbereiteten, so hat auch der *homo nequam*, der Mensch der Sünde, der Sohn des Verderbens, wie ihn der heil. Apostel Paulus nennt, oder der Anti-Christ, seine Propheten und seine Vorläufer, die ihm in den Herzen der verlorenen Menschen sein Reich und in der Welt den grossen Abfall vorbereiten, welcher nach dem Zeugnisse des Apostels vor der zweiten Ankunft Christi kommen muss.

Der Völkerapostel gibt in seinem zweiten Brief an die Thessalonicher im 2. Capitel die Kennzeichen des Anti-Christ an: dass „**er sich widersetzt und erhebt über alles, was Gott heisst oder göttlich verehrt wird, so dass er sich in den Tempel Gottes setzt und sich für Gott ausgibt.**"

Er widersetzt sich, d. h. Jesu Christo und seinen Anordnungen, seinem Stellvertreter, dem Papste und den Nachfolgern seiner Apostel, den Bischöfen. Dasselbe thun heut zu Tage die Freimaurer und ihr Anhang, alle innerlich oder äusserlich abgefallenen Menschen.

Er erhebt sich über alles was Gott heisst oder göttlich verehrt wird, d. h. er stösst Gottes Wort und Gottes Anordnung um, er erhebt sich über Gottes Gebot, welches göttlich verehrt wird und über die heiligen Einrichtungen seiner Kirche. Dasselbe thun, wie wir aus den oben mitgetheilten Actenstücken zur Genüge ersehen haben, die Freimaurer und ihr Anhang, welcher zum Theil so weit geht, die Existenz eines persönlichen Gottes zu läugnen und die Gottheit des Alls zu verkünden, von welcher jeder einzelne Mensch gewissermassen einen Theil bilden würde.

Er setzt sich in den Tempel Gottes und gibt sich für Gott aus, d. h. er masst sich in Glaubens- und Gewissenssachen göttliches Ansehen an und lässt sich göttliche Ehre erweisen. Auch im XIII. Capitel der geheimen Offenbarung wird gesagt, dass alle Bewohner der Erde, deren Namen nicht geschrieben sind im Lebensbuche des Lammes, den Anti-Christ anbeten werden. Dieser persönlichen Selbstvergötterung des Anti-Christ bahnen die Freimaurer und ihr Anhang dadurch den Weg, dass sie die Autorität des Statthalters Christi verachten und sich anmassen seine unfehlbaren Aussprüche als irrig und falsch zu bezeichnen, der katholischen Wahrheit ihre Vernunftreligion entgegen zu setzen, die Lehre von der allein seligmachenden Kirche durch das System des religiösen Indifferentismus zu bekämpfen, die Gottheit Christi, ja sogar die Existenz eines persönlichen Gottes zu läugnen und die Menschheit zu vergöttern.

In der geheimen Offenbarung heisst es von dem Anti-Christ: **es ward ihm ein Mund gegeben, grosse Dinge und Lästerungen auszusprechen .... und er that seinen Mund auf zur Lästerung gegen Gott, zu lästern seinen Namen und seine Hütte und die Bewohner des Himmels.**

Auch von diesen Kennzeichen des Anti-Christ gibt uns das Treiben der Freimaurer und ihres Anhangs ein trauriges Vorbild, auch ihnen ist in der Pressfreiheit, in der Religionsfreiheit und in andern ähnlichen Freiheiten ein Mund gegeben, grosse Dinge und Lästerungen auszusprechen, und sie thun diesen Mund auf zur Lästerung gegen Gott, gegen seine Allmacht, Weisheit, Güte, Heiligkeit, Gerechtigkeit und Barmherzigkeit; gegen seine Hütte, d. h. gegen die von ihm gestiftete Kirche, welche seine Wohnung auf Erden ist und gegen die Bewohner des Himmels, d. h. sowohl gegen die seligen Himmelsbewohner, die Heiligen und die Engel, welche wir täglich in ihrer Fürbitte und in ihren Wundern, in ihrem Leben und in ihren Lehren in gottlosen Schriften und Reden verhöhnt sehen, als auch gegen die Bewohner des himmlischen Reiches auf Erden, die Mitglieder der Kirche, den Papst, die Bischöfe, die Priester, die Ordensstände und alle frommen Gläubigen, welche in der gottlosen Presse täglich mit einer Fluth von Lästerungen und Schmähungen, Lügen und Verläumdungen angegriffen werden.

Es heisst in der geheimen Offenbarung weiter über den Anti-Christ: „Auch ward ihm gegeben Krieg zu führen mit den Heiligen und sie zu überwinden, und es ward ihm Macht gegeben über alle Stämme und Völker und Sprachen und Nationen.

Auch in dieser Beziehung muss uns die Wirksamkeit der geheimen Gesellschaften als eine Vorbereitung auf das Reich des Anti-Christ erscheinen. Sie führen Krieg mit den Heiligen und überwinden sie. Sie führen Krieg gegen den Statthalter Christi auf Erden, den sie bereits des grössten Theils seines weltlichen Besitzes beraubt haben und des Restes desselben zu berauben im Begriffe stehen. Sie führen Krieg gegen die Bischöfe, welche sie vor Gericht schleppen, von ihrer Heerde wegreissen, in die Verbannung schicken oder ins Gefängniss werfen. Sie führen Krieg gegen die Ordens- und Weltgeistlichen, welche sie ihrer Habe berauben und auf jede Art verfolgen. Es ist ihnen Macht gegeben über alle Stämme und Völker und Sprachen und Nationen. Das Netz der geheimen Gesellschaften ist über die ganze Welt ausgebreitet, ihre Mitglieder finden sich unter allen Stämmen und Völkern, ihre Lehren und Grundsätze werden in allen Sprachen verkündigt und finden Anhänger unter allen Nationen.

Aber diese Macht ist keine unbeschränkte, keine solche, dass Niemand sich derselben entziehen könnte; sie erstreckt sich, wie der Apostel Paulus in dem zweiten Brief an die Thessalonicher sagt, nur auf die, welche verloren gehen, darum, weil sie die Liebe der Wahrheit nicht angenommen haben um selig zu werden, d. h. weil sie nicht gehört haben auf das Evangelium und auf die Stimme der Wahrheit, welche vom Stuhle Petri ausgeht, um sie zu warnen vor den falschen Lehren und vor dem im Finstern schleichenden Treiben der geheimen Gesellschaften. Desshalb lässt Gott den Irrthum auf sie wirksam sein, so dass

sie der Lüge glauben. Auch diese Worte des Apostels finden ihre volle Bestätigung in den Erscheinungen, deren Zeugen wir täglich sind. Die Macht der Lüge war zwar immer in der Welt grösser als die Macht der Wahrheit, aber zu keiner Zeit wohl hat die Lüge eine so furchtbare Macht und Ausdehnung gewonnen, als in unseren Tagen, wo sie, wie man wohl sagen darf, die verheerende Waffe der Gottlosen ist. Wie ein Alles verzehrender Heuschreckenschwarm verdunkeln Lügen ohne Zahl die Sonne der Wahrheit und verzehren alle Keime des Guten in den Herzen der Menschen. Wie ein dichter Hagel von Pfeilen prasseln sie unaufhaltsam und ohne Unterlass auf alles Gute und Wahre und Ehrbare hernieder, um es mit ihren vergifteten Spitzen zu tödten.

Woher diese furchtbare Erscheinung, die erschreckende Macht der Lüge in unseren Tagen? Der Apostel antwortet uns: **das Geheimniss der Bosheit ist schon wirksam**, d. h. durch des Bösen Macht tritt der Abfall schon in Wirksamkeit, die Früchte der im Geheimen um sich greifenden Bosheit beginnen schon zu reifen durch den Unglauben mitten im Schoosse der Christenheit und durch die damit verbundene Sittenlosigkeit.

Hören wir also auf die Stimme der Wahrheit, welche aus den Worten der Stellvertreter Christi zu uns spricht, lassen wir uns durch sie warnen vor den geheimen Gesellschaften, ihren Lehren, Grundsätzen und Werken, damit wir nicht **gerichtet werden** als solche, **welche der Wahrheit nicht geglaubt, sondern der Ungerechtigkeit beigestimmt haben**.